ちくま文庫

「本をつくる」という仕事

稲泉連

筑摩書房

「本をつくる」という仕事　目次

本文写真　沼田学

「本をつくる」という仕事

はじめに

普段、ぼくは「ノンフィクションライター」や「ノンフィクション作家」と呼ばれる仕事をしている。

誰かのもとを訪ねて話を聞いたり、社会的な出来事の現場に足を運んだりして、原稿を書く。対象は出版社の編集者から提案されることもあれば、自分が何年も温めてきたテーマのときもあるけれど、基本的にやることは一緒だ。

そんななかで「本」をつくるために費やす時間は、この仕事にとってやはり特別なものだといつも感じる。

取材をして、原稿を書く。

内容について編集者とやり取りを重ね、繰り返し書き直す。

書き上げた「原稿」はゲラ刷り（単行本と同じ書体や文字組みで印刷された状態）となり、赤ペンでさらなる細かな直しを加える工程が待っている。ようやく全てを終えてゲラ刷りを手放し、しばらくして刷り上がったまっさらな一冊の本を手にするときは、長い時間をかけた分だけの達成感を胸に抱くものだ。

　しかし、思えば「もの」としての本がつくられるその過程において、書き手が深くかかわるのは全体のなかのほんの一部に過ぎない、ともいえる。「初校」や「再校」と呼ばれるゲラ刷りに手を入れれば、ひとまず自分の役割の大部分は終わり。あとは発売日の間近に見本が届くまで、じっと待っているしかないのだから。

　一冊の本には書き手や編集者だけではなく、様々な「本をつくる人々」がかかわっている。それは言うまでもなく当たり前のことだけれど、一方でぼくはこれまで自分の書いた本が出来上がるまでに、どのような人々の仕事があり、どのような思いがそこに込められていたのかを、実はほとんど知らないでいたのだった。


　そのことに何とも言えない心許ない気持ちを覚え始めたのは、この本を書いているいま（二〇一七年）から五年前。

　その頃、ぼくは東日本大震災で被災した書店を訪ねて回っていた。

　津波で店舗が流されてなお、残された住所録を頼りに本の配達を続ける書店主がいた。「本屋さん」が一軒もなくなった町で店を始めた人、原発事故の影響で多くの住民が避難した土地で、それでも営業を再開した人がいれば、浸水して膨らんだ本が書棚から抜けなかったときの悔しさを、目に涙を浮かべながら語った書店員もいた。

　被災地の書店がいかにして店の復旧を成し遂げたかは、彼らへの取材をまとめた『復興の書店』（小学館、二〇一二年）に書いたので繰り返さない。

ただ、厳しい状況においても地震の翌日から書店の再開が求められ、その声に励まされるように本を読者に手渡そうとした人たちとの出会いは忘れ難く、また、重みのあるものとなった。

　以来、「本」というものに対する見方が、自分のなかで確かに変化したと感じた。そして、ぼくは次第にこう思うようになっていったのだ。

「本」をつくる人々のことをもっと知りたい——。

書店は長い「本づくり」の過程のなかで、一個の作品が「つくり手」たちから離れ、読者に渡される場だ。

　それは少しだけ大げさな喩えを許してもらえるならば、源流の岩からしみ出た水が小さな流れとなって集まり、次第に一本の川に成長して海に流れ込む最後の一瞬と似ている。

　書店は広大な読者の海と川とがつながる汽水域であり、そこで「本」とかかわる人々の話を聞いたぼくは、一人のノンフィクションの書き手として、その川上へと一度は遡っておきたくなった。

例えば、ここにハードカバーのちょうど鞄に入れて持ち運びやすそうな、手頃な厚さの本がある。

この一冊の「もの」としての本が自分の手元に届けられるまでのあいだに、どれだけの人のかかわりがあるかを想像してみる。

カバーや本文をデザインする装幀家、装幀家によって選ばれる書体をつくる人、もとはばらばらだった頁をまとめ、それを一冊の形ある商品へと変える製本の会社。少し赤みがかった紙を製造する製紙工場で働く技術者や、原稿の誤りを正す校閲者、翻訳書であれば海外の作品を日本に持ち込むエージェントもいる。

彼らの仕事は一冊の本や本の世界を形づくる上で欠かせないけれど、普段はあまり表には見えないものだろう。

だからこそ、「本」にかかわって日々を生きる一人として、その仕事を、そして、その仕事に込められた彼らの思いを、これから描いていきたい。

同じ「本」をめぐる風景が、そこではどのようなものとして広がっているのだろうか。

すでに失われつつある世界への憧憬がある。自らの仕事に対する誇りがある。

それらが彼ら自身の言葉で語られるとき、一冊の「本」の見方が今度はどのように変わるだろうか？

本書はそんな思いを胸に抱きながら、興味の赴くままに「本」をめぐる人々に話を聞いたささやかな記録である。

第一章　活字は本の声である

見出しは大声、本文は静かな声

活字書体とは何だろう――。

大日本印刷の「秀英体開発室」に勤める伊藤正樹さんは、ときどきその答えを言葉で表そうとして、「うーん」と結局は押し黙ってしまうことがある。

ぼくが尋ねたときも、そうだった。

「うーん……」

と、しばらく考え込むと、

「私もこの仕事に就いてから日々考えていますが、なかなか答えが出ない難しい問題です」

そう言って、何とも困ったような表情を浮かべるのだった。

誠実な人なのだ、と思う。

彼はここで事前に用意していたような格好を付けた言葉を使わず、どこかで誰かがすでに言っていたような借物の言葉を使うこともまずは避け、あくまでも自分の言葉で活字というものの意味を説明しようとする。

この問いには、自分の言葉で——。

そんな気持ちが、黙っていても伝わってくる。それはこの一六年間にわたって大日本印刷の「活字」に携わってきた、彼自身の矜持でもあるのだ。

再び自分の中に言葉を探すように黙り込むと、伊藤さんは「例えば——」と言った。

「例えば、文字はよく声に喩えられるんです。僕らが言葉を誰かに伝えるための最もポピュラーな選択肢は、声か文字しかありません。ニュースを伝えるアナウンサーの声が重要であるように、書体は声なんですね。そこには明るい声もあれば、威厳のある声もある」

なるほど、私たちは日常的に声としての「文字」に接している。その表現には膝を打つものがある、とぼくは思った。

夏目漱石の小説を読むとき、

〈吾輩は猫である。名前はまだ無い。〉

と、始まるのと、

〈吾輩は猫である。名前はまだ無い。〉

と、始まるのとでは自ずと読者の印象は変わってくる。

れるのではない。

その意味で、一冊の作品がもたらすイメージは、著者や編集者だけによってつくら

装幀、紙、文字の詰め具合といったあらゆる本の要素が調和して、本は初めて一個の「作品」として自立するのであり、なかでも文字の形は重要な役割を担っている。当たり前のことだけれど、ときに忘れられがちな大切な事実だろう。

それに、本だけではない。街を歩いているとき、電車やバスに乗っているとき、洪水のように情報として入ってくる広告にも、全てそれ相応の目的に合った書体が使われている。

叫ぶ声、ささやく声、威圧する声。見出しは大声を張り上げ、本文は静かに語れ……。

だから——と伊藤さんは言うのである。

「あらゆるもの、文学も実用書も教科書も街の広告にもチラシにも、そして、日本国憲法にだって誰かがつくった書体が印字されるわけです。本当に文字の良し悪しは作品に影響を与えている。だから、いい加減なことは決してできない。日本人が何かを見たり読んだりする上で、すごく重要な役割を文字は担っているはずだと信じて、この仕事を続けているんだという気持ちがありますね」

彼はそう言って柔らかに笑うのだった。

和文活字の二大潮流のひとつ

その伊藤さんの「仕事」とは、「秀英体」という名の書体をつくることだ。

ただ、「つくる」といっても、この書体の場合はゼロから文字をつくり出すというのとは少し違う。秀英体は大日本印刷のオリジナル書体で、明治時代の創業期に職人たちの手によってつくられたものだからだ。

このようにすでにある書体をつくり直すことを「改刻」という。

彼の所属する「秀英体開発室」では二〇〇五（平成一七）年、「平成の大改刻」と呼ばれる事業を開始し、秀英体の品質を見直し、現代でも利用しやすくリニューアルして一般販売した。伊藤さんは七年間にわたったその「大改刻」の責任者なのである。

しかし「書体の品質」とは、そもそもどういうことなのだろうか。まずはそのあたりを説明するために、秀英体の歴史を振り返っておく必要があるだろう。

大日本印刷は商業印刷から液晶ディスプレイ、ＩＣカードの製造やＩＴ事業までを幅広く手掛け、大手書店も傘下に収める言わずと知れた大企業だ。売上高は連結で約一兆五〇〇〇億円に上り、秀英体開発室も五反田の二五階建ての巨大ビル内にある。

一八七六（明治九）年に創業された際、同社は秀英舎という名前だった。「秀英体」はその名の通り「秀英舎の活字」という意味で、明朝、角ゴシック、丸ゴシックなどのラインナップの総称。一四〇年を超える大日本印刷という会社の原点となる書体である。

当時、日本の近代的な活字書体には東京築地活版製造所が開発した「築地体」があった。秀英舎は創業から五年後の一八八一（明治一四）年に活字の鋳造設備を導入し、三一年後の一九一二（明治四五）年に初号から八号までの書体を完成させている。秀英体は「築地体」の流れを汲むいわば直系の書体で、いまではタイポグラフィの研究者から「和文活字の二大潮流」と呼ばれている。

この書体の特徴で素人目にもすぐに分かるのは、平仮名の「い」や「た」「な」などの筆脈の線が繋がっていることだろう。多くの本や雑誌で使われている代表的な明朝体の一つなので、意識して探してみても面白いかもしれない。

さて、字のデザインである「書体」を、金属製の字型にしたものが「活字」である。紙の本や雑誌に載っている文章は、もともとこの活字を組み並べて印刷するのが一般的だった。

　そのような近代的な活字が登場した明治時代、書体は職人が一文字ずつ手で彫っていた。彼らが木に彫った字で型をとり、それをもとに固めたものが活字となったのである。

　そこにイノベーションをもたらしたのは、戦後になって日本に導入されたベントン彫刻機だ。アメリカ人のリン・ベントンが考案した機械で、これによって手描きの原図をなぞるだけで自動的に縮小した型から活字を製造できるようになった。

　その後、印刷工程にコンピュータが導入され、昭和四〇年代に原図をスキャンしたドットフォントが作られ、このときから書体はデジタル化されて点の集合に変わった。そして、現在は文字の輪郭線をデータ化した「アウトラインフォント」に変換されて使用されている。

　人が彫り、次に機械が彫り、さらにドットフォントにスキャンされ、アウトラインフォントに変換される――秀英体は一〇〇年の歴史のなかでざっとそのような変遷を辿ったわけだ。

「平成の大改刻」が行なわれたのは、「アナログからデジタルへの技術の変化のなかで、かつての秀英体の品質が保てなくなったからでした」と伊藤さんは振り返る。

「僕が秀英体開発室に来てすぐのことです。明治の頃の職人のデザインや写植、デジタル化以前の秀英体といまの秀英体を見比べる機会がありました。すると、デジタル化した後の秀英体と比べて、活版印刷の頃の秀英体は線が滑らかで抑揚があり、力強いことがわかったんです」

職人の世界への憧れ

伊藤さんが秀英体開発室に異動したのは一九九八年のことだった。

京都市立芸術大学を卒業後に大日本印刷へ入社した彼は、六歳離れた兄の影響でデザインを勉強し始めたという。

幼い頃から自宅には美術学校に通う兄の本、例えば年鑑『Graphic Design in Japan』や作品集があり、さまざまなロゴやポスターの色鮮やかな見本を、夢中になって見て育った。大日本印刷を就職先に選んだのは、同社で建築材のデザインをしていた大学の先輩に勧められたからだった。

入社当初、配属されたのはその先輩と同じ建築材の部署で、彼は「木目印刷」のデザインを手掛けることになった。

活字には活字のこだわりがあるように、木目印刷もまた人知れずさまざまな工夫が凝らされている商材だ。

同社は無数の木目印刷のパターンを販売しているが、それは次のようにつくられる。部署のデザイナーは一人ひとり、銘木店に行って実際に良さそうな木材を日々購入しては、それを大型のカメラで撮影していく。桜、楢、杉などそれぞれ数十種類のパターンがあり、四～五年ごとに流行も変化する。住宅メーカーなどの要望を聞きながら、その流行に合った木目柄を探し出すのが彼らの重要な仕事だった。

「木目柄は普段の生活のなかではありふれたものです。壁紙やドア、飲食店のカウンター……。至る所に使われていますからね。でも、そこにはやっぱりこだわりがあるんですよ」

例えば木の年輪の線。印刷シートでは必然的にどこかで線が繋がらなくなるわけだが、それをいかに自然に見せるかに職人の技がある。

「一本一本の線が突然消えないように手で加工して、線が消えているのを意識させずに消すんです。だから、僕はいまでもドアなんかを見ると、反射的に「ここで線、消したな」と気になってしまいます。これって考えてみれば活字づくりに似ているんですよ。誰もが当たり前だと思って気にしていないけれど、つくっている人は強くこだわっている仕事という意味で」

世の中のほとんどの人たちが自明のものとして通り過ぎていくものにも、実は細やかな工夫とこだわりが凝らされているということ。彼は秀英体開発室に来る以前から、そのような職人的な世界に仕事のやりがいを見出せる人だった。

また、一方で時間が経つに連れて、その仕事に何か物足りなさを感じるようになったのも確かだった、とも彼は振り返る。

「もっと自分でデザインができる仕事をしたい、とそのうちに思うようになったんです。木目印刷の仕事というのは、いかに本物の木に近づけるかという仕事です。どこまで行ってもそれはやっぱりフェイクで、本物を求める人は家具でも机でも印刷したものは買わないのが現実です。僕自身も本物の木の方がいいな、っていう思いから逃れられなかった。正直に言えば、そんな気持ちになってしまったんです」

秀英体開発室の社内の人材公募が行なわれたのは、ちょうどそうした思いを抱え始めた矢先だった。Eメールで来た募集要項を開くと、そこには「コンピュータのデジタルフォントの開発、デザイン」とあった。

「秀英体——」という言葉を見て、それが「大日本印刷の原点でありDNAである」と入社時の研修で習ったことを彼は思い出した。

「何をやっている部署なのかはよく分からないけれど、面白いかもしれないな」

そう思い、応募した。

忘れさられた書体

秀英体は大日本印刷のＤＮＡである――。

だが、一四〇年の歴史を経たいま、この書体にかかわる社員の数は極めて少ない。伊藤さん自身がそうであったように、社の歴史として新入社員研修で少し習う程度で、実際に秀英体という書体について詳しく知る者は、若い世代ではほとんどいないに等しかった。

彼が秀英体開発室に異動した一九九八年、秀英体を取り巻く環境は決して良いとはいえなかった。

その最も本質的な理由に、ＤＴＰの普及に伴って秀英体の使用される機会そのものが減ってきた、という現状があった。

金属製の活字を使って出版物を印刷していた活版印刷の時代、一冊の本や雑誌をつくる工程において、活字には印刷会社が率先して開発する理由があった。

当時、大日本印刷がデザインした書体の活字は、同社の印刷工場でしかつくることができなかった。よって編集者やデザイナーは原稿を秀英体で印刷したい場合、大日本印刷に書体を指定して印刷用のデータづくりを発注する必要があった。

ところがフォントというデジタル化された書体が販売され、さらにＤＴＰが普及すると、デザイナーや編集プロダクションで入稿データが作成されるようになり、書体も数あるフォントから事前に選ぶことが可能となった。いままでは印刷会社がそのデータを受け取る際にはすでに書体が決まっており、すると大日本印刷でしか印刷できない秀英体の出番は必然的になくなる。

「これは僕らにとって最初の大きな危機感でした」と伊藤さんは言う。

「秀英体はデジタル化していましたが、社外には提供していないものだったんです。だから、ＤＴＰデザイナーさんが使うグラフィックソフトには出てこないものでした。ＤＴＰソフトでつくるのが難しい『広辞苑』や『会社四季報』などではまだ活躍していましたが、全体としては秀英体で印字された本の数はどんどん減っていきました」

そうであればフォントメーカーの書体のように、秀英体も大日本印刷が一般販売すればよいのではないか、という話に当然なるだろう。だが、実際にはそれもすぐにはできない事情があった。それが前述の「書体の品質」の問題である。

例えば、文字の「太さ」について考えてみよう。

明治時代につくられた秀英体は、活字にインクを付けて紙に押し付ける活版で印刷されることが前提となっている。活字を紙に押し付ければ、その圧力の分だけインクが滲んで文字は太くなる。そのため職人たちは紙に印刷した際のインクの滲みを計算して、母体となる文字の線を引いていた。

時代の流れのなかで秀英体をデジタル化したことはすでに述べたが、活版やフィルムを使ったアナログ製版の時代にはあったインクの滲みや現像による線の太りは、デジタル化されると全て消えてしまう。

「製版や印刷の過程で文字が太ることがなくなったので、もともと太ることを想定して細めにつくられていたアウトラインがそのまま印刷されるようになったわけです。よって、よくよく見ると秀英体で印刷された字が細くなってしまった。文字サイズによってはかすれそうになっている字もあるくらい。それを回避するために、フォントを自動的に太らせることが、私が異動した頃の仕事の一つだったんです」

しかし文字に限った話ではなく、デザインというものは細くなったものを、自動的に太くすればよいというものではない。とりわけ明治の職人の手による秀英体は、画数の多い字は細めに描かれ、ハネや払いも漢字によって全てが異なっている。

漢字は様式化された文字だ。それを活字として彫る作業は、だからこそ職人の技が光った。

「口」という字は「句」や「古」、「号」「合」といった他の字にも使われている。その全ての「口」は文字のバランスが考慮されながら、少しずつ違っている。何千という字の全てに同じ雰囲気を持たせ、調和させて初めて「秀英体」という書体も成り立っていた。

それぞれの違いにはそれぞれに固有の意味があり、そこに筆遣いの自由さをも取り込んで文字を生き生きと見せているところに職人技の凄みがある。文字を自動的に太らせれば当然、微妙なバランスのなかで成り立っていた調和と闊達さが崩れてしまう。そのように太らせた活字は、もはや「秀英体」と呼んでよいものなのだろうか——。活字を太らせていく作業を続けながら、彼はそんな思いにとらわれずにはいられなかった。

「それに、デジタル化した文字は書籍の本文で使うことを想定してつくられたので、本文サイズでは問題なかったのですが、拡大すると線の滑らかさが失われているのが一目瞭然でした。これでは一般販売したとしても、書籍のタイトルや広告ポスターなどには使ってもらえるわけがありません。なかには線が欠けている文字さえあって、他社さんのフォントに比べて品質が劣っているのは明らか。あの頃は他社のフォントを見る度に、何だかとても悔しい気持ちになっていました」

この時期、秀英体はまさに満身創痍の状態だった。

度重なるコピーの果てに以前の滑らかさは消え、かつて職人が魂を込めて彫り、あらゆる文芸書にとって欠かせない書体だった頃の面影は失われていた。大日本印刷という企業で働く若手社員にもその存在が忘れられつつあり、一〇〇年という歴史のなかに埋もれようとしていた。

そんななか、この書体を一字一字取り上げ、修復して生まれ変わらせようと始まったのが「大改刻」という事業だった。

現代にいかにして甦らせるか

秀英体の大改刻の議論が具体的になったのは、大日本印刷の一三〇周年の記念事業がきっかけだった。

それに先立つ二〇〇三年、同社の市谷工場に残されていた活版の事業部が閉鎖された。創業以来、一二〇年以上にわたって活版印刷を担ってきた事業部の解散は、同社にとって大きな節目となる出来事で、それを機に活版を支えた自社のデザインを体系化しておこうということになった。その研究の対象になるのが秀英体だった。

秀英体開発室では日本の活字研究の第一人者で、活字販売やタイポグラフィ・スクールなどを営む朗文堂代表の片塩二朗氏に、秀英体が辿った一〇〇年間の変遷を分析してもらうことにした。

しばらくして届けられたレポートは築地体との徹底した比較から始まり、折に触れて改刻された書体がどのように変化してきたかが詳細に検証されていた。その結果、伊藤さんが現場で感じていた通り、デジタル化以降の秀英体は、印刷技術の変化のなかでかつての品質が保てなくなっていることが、研究者の手によってあらためて確認された。

片塩氏は後に『秀英体研究』という大部の本となるレポートで、現在の秀英体には当時の職人の技が継承されておらず、「本来の姿」が失われていると指摘。度重なるコピーによる劣化のために改刻が必要であることをはっきりと提言した。

「専門家の方のお墨付きを得たことで室長と私も力をもらい、社内で改刻を提案したんです」と伊藤さんは言う。

実は片塩氏の提言は当初、かなり厳しい言葉で書かれており、彼らは経営陣に説明するに当たって表現を少し和らげたほどだった。

「それだけの危機感を抱かせる状態だったということですね。でも、確かに秀英体はDNPの社員にとっても知る人ぞ知る書体でしたが、やっぱり経営陣には思い入れのある社の原点なんです。その言葉が響いたことで、秀英体は一三〇周年の記念事業として大改刻が行なわれることになったのですから」

この大改刻を記録した『一〇〇年目の書体づくり――「秀英体　平成の大改刻」の記録』（二〇一三年）のなかで、同社の北島義俊社長は記念事業を行なった理由の一つとして、片塩氏のレポートにあった次のような言葉を紹介している。

〈この調査に参加・協力をしたDNPの社員が、活字と書物をなによりも愛し、秀英体に深い愛着と誇りを抱いていることを確認することができた。この報告書をきっかけに、これからのDNPを担う若者達による秀英体の再生を願う〉

その「若者」の一人が、紛れもない伊藤さんだったわけだ。

では、片塩氏の言う秀英体の「本来の姿」とはどのようなものなのか。これについて、彼が同書でこう表現しているのが印象的だった。

ふるくから、活字書体とは、空気や水のような存在であれ――とされる。すなわち情報を正確かつ確実に読者のもとに届けることが活字書体の役割であり、過誤はもとより、過剰な演出を本文用活字書体にもとめるべきではないとするものである。しかしながら、秀英体は、空気や水のようでありながら、澄みわたった大気であり、きよらかな銘水でなければならなかった。

伊藤さんたち大改刻プロジェクトのメンバーに課せられたのは、このような書体デザインを現代に甦らせるという重責である。

大改刻では、本文用の明朝（L／M／Bという三種の太さがある）のリニューアルに加えて、初めてデジタル化される見出し用の初号明朝、そして、角ゴシック金・銀（L／B）、丸ゴシック（L／B）が新たにゼロからつくられることになった。

平成の大改刻プロジェクト発足

文字をつくる——それは一つの企業にとって、一般に想像されるよりもずっと大きな事業だ。

大改刻ではこれまで大日本印刷が印刷する出版物にのみ使用されていた秀英体を、

デジタルフォントとして一般販売することが目標となっていた。

　デザイナーが利用するデジタルフォントに採用されるためには、あらかじめ決められている文字の種類が全て揃っていることが条件となる。その数は本文用の明朝が一つのフォントにつき約二万三〇〇〇字。見出し用の初号明朝やゴシックは約九〇〇〇字。大改刻で計画された秀英体のラインナップでは、一二万字以上の文字をつくらなければならなかった。

　書体のリニューアルでは、事業主体である大日本印刷が書体デザイナーにデザインを発注し、伊藤さんを始めとする開発室の面々が作成された文字を一字ずつ校正、再び修正を指示するという途方もない作業が繰り返される。

　一字一字が手作業であるため、大量に発注すれば単価が安くなるということはない。同社は字游工房、リョービイマジクス（現・リョービ）の二社に文字デザインを発注し、片塩氏の朗文堂に監修を依頼したが、一字につき数千円、文字によっては数万円というのがその価格だった。ざっと計算しただけでも数億円という事業規模であったわけだ。

　そうして発足した「平成の大改刻プロジェクト」は、C&I事業部（現・情報イノベーション事業部）の隅にある秀英体開発室で初めはひっそりと開始された。同事業部はカタログ、POPといった商業印刷物の企画やマーケティング、インターネット事業のシステム開発といった業務が主体で、「どちらかというと広告代理店のような雰囲気」が漂う部署だ。

本来であれば、秀英体開発室は出版事業を担当してきた市谷事業部（現・出版メディア事業部）に置かれるのが、最も馴染みやすい環境だといえた。出版社と日常的にやり取りを行なう市谷事業部では、社員が秀英体や書体について話している風景は当たり前のものだったからだ。

だが、「平成の大改刻」はこれまで一〇〇年以上にわたって使われてきた秀英体を、「次の一〇〇年」の使用にも耐えうる商品へとリニューアルするのが目的である。書体は印刷物だけではなく、電子書籍やスマートフォン、テレビ、ゲームとあらゆるメディアで使われるものであるべきで、大改刻が成し遂げられた暁には様々な用途に展開していくというのが経営陣の考えだった。

当時、秀英体開発室の一員だった佐々木愛さんは、そんななかで始まった改刻の作業の現場には、周囲から訝られるような雰囲気が最初はあったと笑う。

「開発室はIT系の部署のフロアにあるので、みんながパソコンに向かっているなかで、端っこにいる私たちだけが蛍光灯を点け、紙と睨めっこをして一文字ずつ字をチエックしているんですから。机も汚くて紙も多くて、いつもその紙の束を片づけろと文句を言われてました。印刷会社なのにねェ」

魅力ある活字にするために

プロジェクトを開始した彼らの最初の仕事は、初めてデジタル化する「秀英初号明朝」の活字見本帳（明治期の職人が手彫りした書体）をスキャンすることだった。

それをまだ開発室の若手だった宮田愛子さんに命じた伊藤さんは、「こんな古い文字をいまさらスキャンして何になるんだろう、と初めは思っていたでしょうね」と振り返るが、それから七年間にわたって続けられた改刻の作業を経たいま、スタッフの佐々木さん、宮田さんは一様に秀英体への愛を夢見るように語る人物となっている。

新しく書体をつくる際の手順は次のようなものだ。

二万三〇〇〇字に及ぶ文字のなかから、まず全ての基本として試作される漢字がある。それが左記の一二字である。

国東愛永袋霊酬今力鷹三鬱

例えば書道の世界に「永字八法」という言葉があるように、「永」の字には点、横画、縦画、ハネ、左払い、右払い……といった漢字の基本パーツが含まれている。他の字も同じように書体を制作する際の基本形となる字だという。

これらの基本形を綿密な打ち合わせと修正によってつくり上げた後、様々な部首を網羅した「種字」といわれる四〇〇字を作成。そこからいよいよ本開発が始まり、五〇〇字や一〇〇〇字を「一ロット」として文字デザインを仕上げていくことになる。

「文字の余白の取り方やバランス、しなやかさ、抑揚を、かつての職人による活字の『見本帳』や『原図』と比較検討しながら、最後は感性で見ていきます。一文字一文字のハネ、トメといったポイントをチェックして、秀英体として統一感のある字体であるかどうかを判断していくんです」

本開発が始まると、一月に一度、一〇〇〇字単位でデザイナーから文字が届けられた。彼らは出社してすぐに蛍光灯を点け、黙々と紙の束と格闘を続けた。ハネや払いに赤字を引き、見本帳や原図と見比べ、そこにない文字についても秀英体としての統一感があるかどうかを感覚で判断していく。

ときに書体デザイナーへの注文は「文字が活き活きしていない」「伸びやかさが足

りない」といった抽象的な表現となり、なかには九回もの修正を経てようやく完成した文字もあった。

彼らが初めてデジタル化する初号明朝の完成品を、社外のあるブックデザイナーに見てもらったときのことだ。

「初号明朝の魅力が足らない」

そうはっきりと言われ、すでに完成していた漢字の七〇〇〇文字を一からつくり直した。出来上がった書体は装幀部のある新潮社や文藝春秋のデザイナーにも意見をもらったが、そうした現場の声によってさらなる修正が必要になることも多々あった。

「どの漢字も全て難しいことに変わりはないのですが、強いて言えば「力」や「文」「口」「女」といったシンプルな字の方が難しいんです。払いをどの位置にするか、文字をどれくらいの大きさにするか。完成したと思って他の字と並べてみると、右や左に寄って見えたり小さく見えたりすることもある。それこそ平仮名やカタカナになれば、それぞれ文字の大きさが違ったり、一つの文字のなかに同じ太さの線がなかったりするわけですから」

当初、「平成の大改刻」は三年半の事業計画が立てられていたが、結果として完成までに七年という歳月を要することになった。

だが、伊藤さんはいま、この長かった七年間を振り返り、「あの時間は自分にとって、こんなに幸せなことはない、という思いで働いていた七年間でした」と語るのである。

そんなふうにはっきりと語った彼の満足気な表情に接していると、ぼくはある種の仕事というものがいかに人の心を豊かにし、その後の日々を充実させるものなのかを実感させられる気がした。

「僕がこの仕事に幸せを感じたのは――」と彼は言うのだった。

「かつての職人たちのデザインそのものと会話をすることが、秀英体の大改刻の作業の本質だったからかもしれません。デジタルでつくるのもこんなに大変なのに、彼らはそれを手で彫ったり、描いたりしていた。そこにかける意気込みが、見本帳や原図を見ていると伝わってくるんです」

一方で当時の職人たちにとって、それはあまりに当たり前の仕事だったのかもしれない、とも彼は思う。

秀英舎には文字を彫る職人が戦前には少なくとも三人いたという。それも見本帳の書体から「おそらく三人いただろう」と推測されるだけで、いまでは彼らの名前もどのような人たちだったのかの記録も残っていないそうだ。

「あれほどの労力をかけ、しかも乱雑な字なんて一つもなく、何千字が統一感を持っている。もちろん彼らには他の活版の作業に比べて最もいいお給料が支払われていたので、高い評価を受けていた仕事には違いありません。でも、名前が残っていないというのは、それが記録に残そうと思わなかったくらい普通で自然なことでもあったのでしょうね」

残されたのは出来上がった文字だけ——いわば文字という「声」だけを残して、彼らは歴史のなかに消えていた。

その声に耳を澄ませるとき、伊藤さんはそのような技術のあり方に感動し、自らが同じ仕事に携わったことに静かな充実感を覚えるのだ。

一〇〇年後に向かって

七年間にわたった大改刻を経て、秀英体はフォントメーカーのモリサワのソフトに収録され、二〇〇九年に初めてデジタルフォントとして一般販売された。これによりこれまで大日本印刷が印刷する出版物にしか使用されなかった秀英体は、他の印刷会社でも使われるようになった。文字の品質は保たれ、拡大しても縮小しても線は滑らかなままだ。

「ある一冊の本を開いたら秀英体が目に飛び込んでくる。表紙のデザインにも使われるようになったので、書店で平積みにされている本の表紙を見るとき、世の中にやっとこの書体が普及したんだと実感します」

また、電車内の吊り広告や街の巨大なポスター、テレビCMで書体を見かけるとき、伊藤さんはそれを自分たちの仕事への反響だと受け取って誇らしい気持ちになる。そこに秀英体が使用されていることは、数多ある書体のなかからデザイナーによって選ばれたことを意味するからだ。

後に大日本印刷が編纂した前述の『一〇〇年目の書体づくり――「秀英体　平成の大改刻」の記録』のあとがきには、彼の所属する秀英体開発室の文責で次のような思いが語られている。

古今東西、どの名作書体であっても、文字を定着させる彫刻・印刷・表示技術を無視して、その書体を評価することはできません。デザインは技術的な制約のもとに行われるからです。だからこそ人の心に訴える書体は、いく度もリバイバルされ、それぞれの時代を彩ってきました。細部を洗いなおし、新たな解釈のもとに最適なエレメントを見出し、再び世に問う。そうしてつねに改刻され、使われ続けることでしか、書体は生きることができないのです。

ぼくは伊藤さんに出会ってしばらくしてこの言葉に触れたとき、この仕事に向き合った彼の心の有り様をそこに感じ取り、胸を打たれる思いがした。秀英体は一〇〇年後も使われることを目指して大改刻が行なわれたが、その一〇〇年後を見ることのできる開発メンバーは一人もいない――と続けられる文章は、最後に〈一冊の本の裏側に、目の前の画面の向こう側に、書体をつくっている開発者たちがいます。書体の美しさに触れたとき、それを思い出してください〉と締めくくられている。

活字書体とは何だろう――。

伊藤さんはこの問いにいまも明確な答えを持たない。

しかしそれを問い続けたこれまでの時間について、彼は「幸せな時間だった」と間違いなく感じているとあらためて言った。

……つねに改刻され、使われ続けることでしか、書体は生きることができない——。

その表情には書体というデザインの開発者の一人となり、その一〇〇年以上の歴史に自らが連なったのだという確かな実感が込められていた。

第二章　ドイツで学んだ製本の技

数少ない製本マイスター

小さな木造工場の照明もない薄暗い部屋の片隅で、チンチンと音を立てて火花が激しく散っている。

当時、まだ少年だった彼はその甲高い轟音に微かな恐れを抱いたが、しかし恐ろしいと思うが故に、近づいてもっと見てみたい、という好奇心が胸の奥で膨らむのを感じた。

目を凝らすと台の上の機械は生き物のように稼働しており、高速で回転するグラインダーの砥石が左右に動きながら、鈍色の断裁包丁を刃に沿って削っていた。

ほんの少し酔うような機械の油、新しいインクと紙の匂い……。

——そんな昔話をとつとつと語るとき、青木英一さんはいかにも懐かしそうな表情を浮かべると、

「まァ、それが製本所にまつわる私の最初の記憶なのですが、何しろまだ小学校に上がる前の頃の話ですから、少し印象的過ぎる形でイメージしているだけかもしれませ

んねェ」

と、柔和な笑顔を浮かべた。

青木さんは松岳社（青木製本所）の四代目の社長である。かれこれ一〇〇年近い歴史を持つ老舗の製本所だ。

ぼくが青木さんの話を聞きたいと思ったのは、彼が日本の製本所の歴史のなかでも特異な経歴の持ち主だと聞いたからだった。

一九五二（昭和二七）年、手塚治虫が『少年』に「鉄腕アトム」を連載し始めた年に生まれた彼は、高校を卒業後に一九歳でドイツに渡っている。以後、七年間にわたって製本技術を学び、同国の「製本マイスター」なる国家資格を取得して日本に帰国したというのだ。

同じ業界にいるある人は青木さんの話題になったとき、敬意をこめて彼を「マイスター」と呼んでいた。

製本マイスターとはドイツの職人の職業資格で、これを持つ者は製本所で働く工員の教育・指導を担うことができる。同国では高給を得られる職能の一つだ。

製本の本場ヨーロッパでその技術を学んだ経験のある日本人は今も昔も少なく、一九七一年当時で彼の前に一人（牧製本印刷の前社長・佐々木啓策氏）いるだけだったそうだ。

戦前から続く日本の製本所の現場を知り、さらには製本の歴史的発祥地ともいえるヨーロッパで学んだという彼の言葉を、ぼくは是非ともこの本に記録したいと思った。

この年（二〇一四年）で六二歳になる青木さんは、そのキャリアのなかでどのような「本」の世界に触れたのだろう。

製本所の思い出を彼はどちらかと言えば淡々と語ったのだけれど、一つひとつのエピソードを記憶から取り出すとき、何とも言えない上品で知的な雰囲気が漂った。

その雰囲気がとても印象的で、ぼくは青木さんの話に徐々に引き込まれていった。

火花が散る光景

……製本所の朝は早い。

彼の少年時代、飯田橋に工場を構えていた「青木製本所」では、午前七時を回る頃になると四〇名ほどの社員が流れるように作業を始めていた。

本の切り口は上側を「天」、背表紙部分を「背」、その逆側のページの横部分を「小口」、下側を「地」と呼ぶ。

この天・地・小口の三方向を同時に断裁する機械を「三方断裁機」というのだが、当時はまだ導入されていなかったため、工場には断裁機が二台並べられ、ページの束を手渡ししながら断裁が行なわれていた。

製本という仕事の工程は一般的に、①原稿の束を断裁する、②折機に入れて一六ページ（辞典類など三二ページ折の場合もある）ごとにまとめる、③それを糸で綴じる、④表紙を付ける——という順番で行なわれていく。

いまではオールインワンの機械に紙の束を入れれば製本された本が次々に出てくるが、以前はその一つひとつの作業がセクションごとに分かれていた。

特に糸綴じは多くの場合外部の会社が請け負っており、朝早くから外部社員である女性たちが、手早く糸で本を綴じている光景が見られた。

他にも背に丸みを出す「丸み出し」、寒冷紗や地券紙を接着して背を固くする「背固め」など、職人たちが流れ作業で製本を進めていく。

「あの頃は本の背中にニカワを付けて地券紙や皺紙を貼り、それをタワシでこすっていたような時代でした。手でこするとニカワが手についてしまう恐れがあるので、ブラシで柔らかくも強くもなく押し付ける按配にコツがあったんです」

当時、仕事は夜の九時頃まで続けられ、一日に製本される数は約四〇〇〇冊だった。

幼少期に工場の二階に暮らしていた青木さんが、いまも自身の原点として記憶に焼き付けている火花の散る光景は、断裁機の傷んだ刃を研ぐ際のものだ。

刃は事前に何枚もそろえてあり、紙の束が切れなくなる前に交換されるべきものだが、ときには交換のタイミングが遅れてしまうことがあった。

そんなとき、

「おい、雨が降ってるぞ」

と、職人は言った。

断裁機の刃が劣化して欠けてくると、本の切り口には筋のような傷が付いてしまう。それを「雨が降る」と現場の人々は表現するのだった。

「とにかく量産しなければならないので作業には速さが必要でしたが、一方で背に丸みを出す作業などは本の美しさにとって重要な工程です。よって、従業員たちはかなり気を遣っていたと思います。どの作業に携わっていても手が荒れてね」と青木さんは言う。

「働いている人たちは職人気質で、戦前はどこかの製本所で丁稚奉公から始めて、だんだんと経験を積んでいく仕事でした。戦後もそういう習慣は残っていて、まずは製本会社に勤め、親方に認められた人がいずれ自分の店を持つ、という形が多かったようです。いまはもう存命の方が少ないのですが、ときおり「うちのじいさんは青木さんのところでやっかいになっていたことがあるんだ」と声をかけてくれる人もいるんですよ」

一人前の職人になるために

丁稚奉公――という意味では、青木製本所の前身である青木兄弟製本所の創業者の一人で、松岳社の創業者である彼の祖父・青木寅松もまた、少年時代に兄弟で東京下町の製本所へ奉公に出た後、いくつかの会社を職人として渡り歩き、独立した人物だった。

「渡り」の職人として、腕一本で働くことに誇りを持つのが製本の世界である。寅松氏の一周忌に出版された私家版『職人の詩』には、彼自身の人となりを表す次のような言葉が記されている。

今日と当時を比較することはむずかしいが、私自身に言わせれば、製本という業に入った以上、一人前の職人になることが一つの望みになっていた。もともと製本は、手工的生産部門として職人が誕生したもので、長い年月かかって年季奉公をつとめ、修業をつまなくては、一人前の職人として通用しなかった。現在、たいした苦労もしないで、いっぱしの金をとる職人とはえらい違いである。

こうした若い世代――そこには後に製本所を継ぐことになる青木さんへの叱咤も含まれていたのだろう――に対する強い言葉は、寅松氏のような人がどのように製本職人になっていったかを知ると納得できる。

家庭の事情から一〇歳で小学校を中退して製本所の〈住込小僧〉となった彼は、最初の約三年間は工場の雑巾がけ、便所掃除、洗濯といった雑用専門の日々を送ったものだ、と同書で振り返っている。

あてがわれた中二階の宿舎では、畳や柱の隙間から南京虫が這い出て、そのため朝起きると全身が刺された痕で傷だらけになっていたという。

住むところからしてそのような環境であるため、労働環境も当然、過酷なものだった。彼らに与えられた休日は毎月一日と一五日の二日間で、それ以外は日が暮れるまで工場の雑用係として着物姿で働くのが常だった。

陽の光に当たることが少ないので顔は青白く、「青びょうたん」と言われてからわれたものだと寅松氏は書いている。最初に貰った給料は三〇銭だったという。

こうした厳しい修業時代を送る奉公人の夢であり喜びであったものは、もちろん一人前の職人となることだった。

例えば「箔付け」という作業があった。

これについて〈表紙貼だけでものりつけ三年膠三年などといったもので、箔押しなどという技術は、昔は本金箔金版使用で、金版の大小に合わせて無駄のないように小さくきる〉と語られるようなとき、ぼくはこの自伝を読みながら、劣悪な職場環境のなかでも製本技術を学び、会得していったことに対する寅松氏の矜持を感じる思いがした。

〈それを竹製の箔箸にはさみ、金版の上にのせて、その上から青梅綿でおさえる、これを箔付けという。この技術は、箔押し職人の補助的なものであるが、これも一人前の小僧になるまでには二〜三年はかかる。箔押し職人ともなるには、五〜六年修業しなくてはならない〉

本というものは、こうした人々によってつくられてきた工業製品であった。上製本を生産する現場が、いかに名もなき人々の技術によって支えられていたかを表す一つのエピソードだろう。

そのように一つひとつの技術を体に染み込ませるように獲得していった彼は、奉公に出ていた下町の製本所が倒産したのを機に、一七歳で「渡り」の職人となった。

彼が「小僧」として働いた製本所は田中製本所と言い、第一次大戦後の不況で多くの製本所が雑誌製本に活路を見出すなか、最後まで上製本にこだわり続けたことが倒産の理由だったそうだ。

「事業の経営を持続することが不可能になったので廃業する。弟子一同に対して、何も与えるものはないが、これまでにおぼえた仕事の腕が親方の土産である。今後は社会に出て、自由に一人前の職人として働きなさい」

と、言い渡された寅松氏はこの後、いくつかの東京の製本所で働き、大阪でさらに技を磨いた上で関東大震災の一年後の一九二四（大正一三）年、虎ノ門に土地を見つけて小さな製本所を始めたのだった——。

ここまでの話に一息つくと、青木さんは自分が一九歳の時に亡くなった祖父の面影が胸に甦るのか、「もう少し長生きしてくれていれば、酒でも飲みながらいろいろ話が聞けたかもしれませんねェ」と目を細めた。

「要するに製本の技術というのは、そういう仕事だったということです。職人が腕一本であちこちの工場を渡り歩いて、一日に何千部できるといった技能が評価された。そのなかで会社を立ち上げる人もいた。うちの最初の頃はいまの日本評論社や博文館印刷所（現・共同印刷）さんの仕事を頂いていろいろやっていたようです。初期の頃に製本していた本はもう手元にはありませんが、一部の出版社さんの原本棚にはあるかもしれませんね」

ちなみに、こうして始まった青木兄弟製本所が虎ノ門から飯田橋に居を移した背景には、戦争にまつわる逸話がある。

青木兄弟製本所の製本技術は高く評価され、昭和天皇が研究する魚介類の論文を製本する機会を得た。

「戦中、多くの工場では印刷機の軍への供出が求められ、砲弾か何かにされてしまったのですが、一度でも天皇陛下の出版物を製本した会社には宮内庁御用達の看板が与えられたんです。おかげで大切な印刷機を供出することなく、戦後にもう一度、製本所を始められたわけです。けっこう大きな印刷所さんでも、看板がなかったために危機にさらされる例もあったそうです。なかには看板を持っている会社と一時合併して、機械の供出を免れたという話もあったと聞いております」

同社は戦中、戦災を免れるために機械ごと経堂にあった印刷研究所に疎開し、そこで知り合った印刷所の経営者に岩波書店の社員を紹介されている。

戦後しばらくして飯田橋に工場を移転した際、最初に請け負ったのが『岩波　理化学辞典』で、それが後の『広辞苑』の製本の受注へとつながっていった。戦後の青木兄弟製本所を支えた仕事だ（同社は同じ時期に社名を青木製本所に変更し、松岳社はその屋号である）。

「宮内庁御用達の看板があったこと、疎開先で岩波書店さんと縁ができたこと……。もしそうした偶然がなければ、製本所を続けられたかどうかはわかりません」

これが大正時代に創業され、いまも製本を続ける松岳社の歴史である。

機械化の波が風景を変える

青木さんが初めて家業である製本所の仕事を手伝ったのは、中学生になってしばらくしてからのことだった。

小学生の頃から父親の持っているクラシックのレコードを聴くのが好きだった彼は、中学校に上がると自分でラジオを組み立てたり、真空管アンプを自作したりする趣味を持つようになった。あるとき秋葉原の店に欲しい部品があり、小遣いを父親にねだ

ると、

「それなら仕事をしなさい」

と、工場に来るように言われた。

すでに自宅は神楽坂に引っ越しており、飯田橋の工場は彼にとって少し遠い存在になっていたが、小遣い欲しさに夏休みを利用してアルバイトをすることにした。

製本の工程に、「丁合」という作業がある。

原稿が印字された紙をページの順番通りになるように折ったものを「折丁」と言い、丁合はこの一六ページ（あるいは三二ページ）を一折とする折丁を、ページ順になるよう集める作業だ。一六〇ページの本であれば一〇折――折丁を縛ってある縄を解き、丁合機にひたすら載せる。丁合機に載せられた刷り本はコンベアに落とされ、一冊分にまとめられて次々と吐き出されては糸綴じの作業へと回されていく。

「折られた紙を丁合機に載せるだけの仕事ですが、一人で四、五カ所を同時に担当するので、慣れるまでは少し時間がかかるんです。機械のスピードに追い付かないと、一コマだけ刷り本がなくなってしまって、機械が止まってしまう。最初の頃は載せるべき場所を間違えて、落丁した本を何冊も作ってしまったものです。

初めて働いた日の翌日は筋肉痛がひどかったですね。ただ、当時はそれだけで、製本の仕事が面白いとはまだ思っていませんでした。でも、親からしてみれば私を跡継ぎにしようという思いがすでにあったのかもしれません」

時代は高度経済成長期に入り、製本所は活況を呈していた。生産部数自体のピークは八〇年代に入ってからだが、辞典の製本を得意とする松岳社には大部数の注文が多かった。三二ページの薄い紙の折を高い精度で製本する技術に定評があり、設備投資をするための資金も順調に貯まり始めていた。

当時の社長で英一さんの父親である光顕氏は、この前後からときおり西ドイツ（当時）に出張で出かけるようになった。同国のデュッセルドルフでは四年に一度、「drupa」という世界最大の印刷機材展が開かれている。そこで見つけた最新鋭の機械を日本へ持ち帰り、試行錯誤しながら使いこなすことが、製本の効率を上げるために重要だったからだ。

それは同時に、彼が幼少時から慣れ親しんできた職人的な製本の工場から、様々な風景が失われていくことを意味してもいた。

特に世界的な製本用機器メーカーのコルブス社の製品の導入は、日本の製本現場の風景を一変させるものだった。背固めや丸み出しの作業を行なう職人たち、糸綴じをする女工たち――。そうした人々の仕事が機械に取って代わられていったのである。

「折機の展示会が行なわれ始めた頃は、仕事を失う手折りの職人さんが石を投げつけたという話も聞いています。思えばあの時期が、製本の工程のほぼ全てが機械化されていく最初だったのですね。いまは紙を台に載せてしまえば、あとはそのまま本になって出てくる。

当時は六五名ほど社員がいましたが、うちのいまの社員数は二六名です。それでも生産部数は変わりませんからねェ。そのようなわけで、七〇年代を経て八〇年代になると、すでに折の職人さんたちはほとんどいなくなりました。丸み出しや表紙付けを手作業でやっていた職人さんたちも、みなさん独立して製本所から姿を消していったのです」

大学に行くか、西ドイツに行くか

彼の人生に大きな転機が訪れるのは、まだ手工業の趣があった製本の現場が、劇的に機械化されていくそんな端境期のことだった。

高校の卒業を控えた一九七一年。

ある日、彼は父親から将来の希望について、選択肢を提示されるように聞かれた。

「大学に行くか、それとも西ドイツに行って製本マイスターになるか？」

製本マイスター——という言葉を聞いて、最初はそれがどのようなものかを想像することは出来なかった。ただ、数年に一度は西ドイツへ行く父親から、以前にベルリンの壁やデュッセルドルフの街並みの写真を見せてもらったのを彼は思い出した。聞けば、現地にはコルブス社の製品を日本に輸入している商社の知人もおり、全く日本人の伝手がないわけではない。まずはデュッセルドルフ近郊の語学学校でドイツ語を学び、現地の印刷会社の学校で職工の資格を取る。その上でマイスターを養成する専門学校に通ってはどうか、という。製本技術の本場で、跡継ぎである息子を学ばせようという目論見だったのだろう。

「話を聞いただけでは想像もつきませんでしたが、要するに向こうで製本の勉強をするんだろう、と。私はものをつくるのも好きでしたから、大学で勉強するよりも西ドイツへ行く選択の方が魅力的に感じたんです。勉強が嫌いだったんですね」

いまから振り返れば、日本で大学に行っていた方がよほど楽だったかもしれません——そう笑う彼は、父親の申し出を聞いてそれほど深く考えることなく、

「西ドイツに行きます」

と、答えたのだった。

国は違えど同じ本をつくる仕事

西ドイツのデュッセルドルフから鉄路で約二時間、ドイツ西部のライン工業地帯の一角に、ギュータースロー（Gütersloh）という都市がある。針葉樹の森に囲まれた人口一〇万弱の工業都市だ。

この街にはベルテルスマン（Bertelsmann）という世界的に有名な総合メディア企業がある。一八三五年に出版社として創業された同社は、第二次世界大戦後に書籍の会員制通信販売「ベルテルスマン読書サークル」を立ち上げて事業を大成功させたことで知られ、一九五〇年代には音楽事業にも進出。印刷から出版、音楽、映画、近年ではテレビやインターネットにも参入している欧州最大級のメディア企業である。

一九七二（昭和四七）年、青木さんはデュッセルドルフ近郊の町で半年間ドイツ語を学んだ後、二〇歳で「ゲゼレ」と呼ばれる製本の職工を養成する同社の専門学校へ入学した。

彼が目指すことになるマイスターは、ドイツにおける職人の最高位に当たる国家資格だ。ゲゼレはマイスターの一つ下位に当たり、マイスターはこのゲゼレを養成する資格でもある。

ドイツの教育制度は六歳からの四年間の初等教育の後、職業教育と大学進学を見据えた高等教育に進路が分かれている。よって青木さんの入学した専門学校には、五年ないし六年間の前者の教育を受けた青年たちがいた。この一五、六歳の生徒たちに混ざる形で、二〇歳の彼は製本の職人技術を学ぶことになったのである。

「外国人は僕一人でしたし、ベルテルスマンでゲゼレをやった日本人は後にも先にもいないのではないかと思います。なので、クラスメイトには非常に珍しがられましたね。向こうでは中学生と言えども社会人の職人ですから、授業が終わった後に酒を飲みに行くんですよ。そこでは日本の話をたくさん聞かれました。酒場で知り合ったじいさんから「この次はイタリア抜きでやろうぜ」なんて言われたりね。ハハハハ。そうした彼らと交流しながら、僕は自分が受け入れられていると感じました。国は違ってもやはり同じ本をつくる仕事、同じ目的を共有していたからでしょう」

彼の見たベルテルスマンは、何もかもが巨大で、華やかな雰囲気のある場所だった。

二四時間制の工場では二〇〇〇人ほどの従業員が働き、交替の時間になると巨大な駐車場に車がひっきりなしに出入りしていた。出版関連の資材が鉄路で次々に運び込まれる一方、倉庫からは本がトラックに載せられて出荷されていく。

とりわけ彼を魅了したのは、ヨーロッパの出版事業の裾野の広さだった。ベルテルスマンでは一冊の本が英語、ドイツ語、フランス語、イタリア語、スペイン語と同時に多言語で印刷され、各言語圏の国々へと送られる。ある日、彼が工場内の一室を訪れると、そこには活版印刷用の膨大な活字が言語ごとに収められ、ずっしりとした鉛そのものの重みを感じさせるように列をなしていた。その光景は、何か言葉に出来ない感動を彼の胸に呼び起こすものだった。

同社は印刷・製本だけではなく、小説や百科事典の編集、レコードの製作なども手掛ける企業であるため、社内には多くのブルーカラー労働者と出版部門で働く編集者、契約している作家や歌手などが入り乱れていた。ドイツ人夫婦とその息子たちが暮らす下宿から毎朝、彼はこの活気に満ちた工場へと登校した。

工場の一角に設けられた学校は、巨大工場内にある小さな印刷・製本工場のようだった。

「工場に併設された学校は見習い職工用の現場を持っていて、一つの工場として稼働しているんです。そこではベルテルスマンの大きなラインでは採算に合わない、小ロットの書籍を週に一度か二度のペースで生産していました。僕ら学生はその仕事に携わって、働きながら製本の技術を学んでいくわけです。給料も月に四万円ほど支給されました。

カリキュラムとしては、最初は手作業での製本を学び、それから比較的安全な折機、最後は三方断裁機の使い方を実践していきます。ほとんどの機械は半自動の古いもので、それは機器のセッティングや調整のやり方を体に覚えさせるためでした」

製本だけではなく、活字の組版や紙加工についても一通りの設備が整っていた。そうした設備を自由に使いながら、「クロス装の上製本をつくる」「手製本で皮装幀の本をつくる」といった課題をこなしていくのである。

一度覚えた技術は忘れない

青木さんはベルテルスマンで一つひとつの過程を学ぶうち、製本の世界に少しずつのめり込んでいった、と振り返る。

「一つは機械を使いこなすことの面白さ、それから手製本でどこまで自分のイメージに合った本が作れるかどうか。授業では古本屋さんで探して買ってきた本をばらし、それを自分なりのデザインで組み直しましてねェ。デザインの基本的なことも勉強する必要があって、その一つひとつの技術を身に付けていくことが本当に楽しかった」

こう語ると彼は最近、岩波書店の発注でつくったという谷川俊太郎の詩集を手に取り、「例えばこの本なんかは……」と背の部分を手でなぞった。

一目見ただけでも美しい本なのだが、その美しさのポイントは頁数の少ない薄い詩集でありながら、背がきれいに丸みを帯びているところにあるようだった。

「本来、これほどの厚さしか持たない本は角背であるのが普通で、背に丸みを出すのはかなり難しい仕事なんです。しかしこの本の場合、担当の編集者から「何とか丸みを出してほしい」と強く要望され、機械のマニュアルを一から見直して実現しました。技術は一度経験すれば一生身に付くものですから、とにかくやってみる。機械の細かな調整をぎりぎりまで行ないながら使いこなそうとする僕のやり方は、ドイツでの経験が大きかったと言えると思います」

自分のために製本する文化

ベルテルスマンでは四年のあいだ、手製本と工業製本の世界に没頭する日々を送った。「ゲゼレ」の資格を得た後、さらに経営に必要な原価計算やレコードジャケットの表面加工などの技術を学び、ミュンヘンのマイスター養成学校に通った。

薄い本でも背は丸い

その学校は非常に大きな敷地を持ち、「紙の仕事」についての総合大学のような雰囲気があったという。印刷や活版、製本の学科が校舎ごとに分かれており、彼は約二〇名からなる製本のクラスに二年間在籍した。

「まァ、日本にいる感覚だと、そんなにたくさんの製本マイスターが必要なのかと思う人もいるかもしれませんね。その意味で私がいまでも素晴らしいと思うのは、ヨーロッパでは一部の古本屋さんが活版で組んだ版を持っていて、それを定期的にごく小部数で印刷して刷り本だけを売る文化が確立されていることでした。日本で言うなら、夏目漱石の初版の時の組版のまま売り出すというようなものですね」

と、彼は言う。

「例えばゲーテの『ファウスト』の刷り本を古書店で買い、高価な製本代をかけて特別な一冊をつくる。ペーパーバックがある一方で、自分の好きな本を自分の好きな形の革装幀にする蔵書家や資産家たちの世界がある。その需要に応えられる職人が地方の小さな文房具屋さんにもちゃんといるんですよ。そんなわけでマイスターを取得した職人は、工場の親方になっていく人たちもいれば、一人でアトリエを持つような人も多い。街に構えた小さな工場で大学から五〇冊単位の皮装を受注したり、技術のある人だと美術本の修復などの仕事もしたりするようになっていきます」

った。

青木さんが西ドイツでの生活を終え、日本に帰国したのは一九七八年の冬のことだった。

製本技術を学ぶことに魅了された彼は、一度はパリの専門学校でより高度な美術製本の道へ進みたいと考えた。特に古美術品としての本の修復の仕事は魅力的で、宗教や建築の知識を学び始めてもいた。

「でも、さすがに親父から帰って来いと言われましてねェ」と彼は語る。

「もともと会社を継ぐために行ったわけですし、それに当時の会社は文学全集などの最盛期で、鷗外全集が二万部、三万部という勢いで重版がかかっていたような時代でしたから。でも、親も一時期は「あいつは帰ってこないんじゃないのか」と青くなっていたようです。その意味ではドイツに思いを残しながら日本に戻ってきたところがありましたね——」

——これが青木さんの西ドイツでの七年間のあらましである。

そこまで話すと、彼は「帰国してからは、ドイツで学んだことをひけらかすのではなく、とにかく日本でのやり方を吸収しようとやってきました。ものを言うのはそれからでもいいじゃないか、と思いながら」と語った。

それから彼は「こんなものがありましてね……」と少しテレ臭そうに、マイスター養成学校時代につくったという一冊の上製本を見せてくれたのだった。それは藍色の表紙の小さな本で、年月の経過で表紙は古びているものの、複雑な模様があしらわれている美しい本だった。開いてみると、中身はドイツ語の『星の王子さま』だった。

「クライスターパピア……。ヨーロッパの古典的な紙染めのことで、「糊染め」と訳すのがいいのでしょうか。フノリと絵具を混ぜて紙に塗るのですが、僕はこれをスタンプにして模様を一つひとつ押してみたんです。お遊びでつくった本ではあるけれど、いまもこうして持っています」

当時から四〇年近くの歳月が流れたいま、ドイツでの体験を昨日のことのように語り、自分のためにつくった世界に一冊だけの『星の王子さま』を手にする青木さんの姿を見ていると、その七年間の時間が彼の胸裡でいまもなお、宝石のように光り輝いていることが伝わってくるようだった。

そしてそのことは、時代の流れのなかで最盛期の活気が失われていった製本所で、それでも質の高い製本を維持しようと機器を調整し、イノベーションを起こそうとする彼の活力の源になっているに違いなかった。

「長い期間の積み重ねによる基礎技術の応用で、先ほどの詩集のような薄い本の背に丸みを出したり、より上品で軽い感じの本がつくれたりする。僕らの側からも編集やデザイナーの方たちに、そうしたアイデアを提案していければと思います」

青木さんは「それにね――」と続けた。

「電子書籍などの登場で、本をめぐる環境は今後も激変していくでしょう。けれども、そのなかで「本」という工業製品それ自体の価値は、高まってもいくと僕は思っているんです。例えば部分的に手作業の工程を強化し、ひと味何かを加えるだけでも、本の雰囲気は変わるのですから」

そう語ると彼は、

「まァ、直方体のほんの限られた世界の話ですけれどね――」

と、やはり柔和な笑みを浮かべたけれど、それに続けた言葉は思いのほか強いものだった。

「少部数でも誰かにとって特別な一冊、その人にとって他に代えがたい一冊をつくろうとしたとき、製本の技術が失われてしまっていたら、本をめぐる大切な世界がなくなってしまう。そこにはまだまだ奥が深くて、人の心に訴えかける何かがあると僕は信じたいんです」

第三章　六畳の活版印刷屋

よろず印刷承りますーー。

その工房を訪れると、サッシ戸の入口で短冊に書かれたそんな言葉がひらひらと風に揺れていた。

東京都台東区寿の幹線道路沿いにあるＦＵＰーーFIRST UNIVERSAL PRESSという名の活版印刷工房である。冒頭の言葉通り、詩集や歌集などの本、名刺、広告チラシと、求められればあらゆる印刷を活版で請け負っている小さな印刷会社だ。

昭和レトロの雰囲気が漂う作業場のなかには、六畳ほどの部屋の端に鉛活字がびっしりと並んでいた。部屋の少し奥側には「ＮＯＤＥ」と書かれた薄緑色の印刷機が、物言わぬ頑固おやじのような雰囲気でどっしりと鎮座してもいる。

「本づくり」の現場にはいつもこのどこか懐かしいような、インクと機械油の入り混じった手工業の香りが漂っている。

鉛活字や様々な金属製の機具、組版の行間に詰めるインテルや字間に詰めるスペース、ゲラ箱……。

工房の道具や器具の数々に染みついた油の汚れは、かつて印刷業を担ってきた歴史の染みのようにも感じられ、たしか以前に見た野田秀樹の演劇に古いミシンの見る夢を描いた作品があったはずだ、とぼくは思った。工房に置かれた物言わぬそれらは、例えばどんな夢を見るだろうか、と。

そんな物たちに囲まれた小さな作業場の古びた机で、ずっと昔からそこにいたように、一人の男性が工具の整理をしている。

溪山丈介さん——この活版印刷工房の店主である。

文字のかたちがそこにある

「活版印刷の良いところ？　うーん、まあ、良いところがたくさんあるんだったらもっと儲かるはずだし、この世界もそんなに簡単に廃れたりはしなかったんじゃないかなァ」

部屋の奥の冷蔵庫からペットボトルのお茶を取り出しながら、工房を夫婦で切り盛りする溪山さんは「がっはっは」と声を上げて笑った。

それから、少し本音を語るのが照れくさそうに間をあけると、

「……まァね、そこに文字の〝かたち〟がちゃんとあるわけですよ」

と、彼は謎をかけるように言う。

「ワークショップに小型の印刷機と鉛活字を持って行って、子供たちの前でガッチャンとやってみるでしょ? 判子と同じだから、本当に分かりやすいんですよ。活版の本って、綺麗か汚いかと聞かれれば、紙に傷が付かないDTPやオフセット印刷の方が綺麗かもしれません。でも、活版はそれとは違うものができる。特別な一冊、というスペシャリティがあるっていうのかなあ」

それを「良い」と思うかどうかは人それぞれだけれど、「少なくとも自分はいいと思うけどなァ」——そう言ってもう一度、可笑しそうに彼は笑った。ほっそりとした体格にダウンジャケット、深緑色の帽子という出で立ち。話していてとても気持ちの良い人だ。

それに、こうした活版印刷の様々な道具が溢れんばかりに積まれた工房にいると、そう話す彼の思い入れがどことなく理解できる気がした。

いまの出版業界の主流であるオフセット印刷は、事前に用意した原版からブランケットというゴム製の筒にインキを一度付着させ、それを再び紙に転写する印刷技術である。これは水と油の反撥作用と写真の原理を利用したもので、まず感光剤を塗布したPS版に文字や写真などを焼き付け、現像のような処理を施して原版を完成させる。その原版を印刷機にセットしてブランケットに転写、紙に定着させる。この一連の作

FUP の工房の一部

業によって、文字と写真だけが印刷用紙に残る——という仕組みだ。

いわばオフセット印刷の一連の工程・仕組みは化学の実験のようでもあり、小学生に一から説明するのは確かに一苦労だろう。

対して活版印刷の工程は目の前で見てさえいれば、だいたいのことが分かるはずだ。①原稿に書かれている文字の活字を活字棚から文選箱へと拾い、②植字台でそれを指定通りに一文字ずつ並べて版を作る、③出来上がった版をタコ糸で結んでから、④ゲラと呼ばれる木箱に四つの版を順番通りに並べて置く、⑤印刷機にセットして印字する。

溪山さんは「文字に〝かたち〟がある」と表現したけれど、活版の組版には文字通り空白というものがない。

組版の空白は「込めもの」が組まれている。文字と文字のあいだにはスペース、行間にはインテルと呼ばれる棒状の板が詰められ、寸分の隙間もない一頁分の版にはずっしりとした重さがある。

「これを見たら、書き手の人も安易に赤字は入れられないですよね」

と、彼はニヤリと微笑んだ。

「原稿に直しを入れて行を送るとなれば、文字を置く場所が全て変わってやり直しになるわけですから。なので、昔は行送りの発生する二校以降の直しには、最初の頁組と同じ値段を取る、という印刷会社もあったくらいです。その意味ではＤＴＰや電算写植がどれほどこの世界に革新をもたらしたかがわかります。

要するに、とにかく物資的な「手ごたえ」のあった世界だと僕は思うんです。印刷業ではその「手ごたえ」が効率化にとって邪魔なものだったので、どうにかしてなくそうとして努力を重ねてきた。いま、いよいよその世界が消えようとしてみれば今度は寂しいという話になって、活版で印刷物を刷りたいという人が現れ始めるのですから、世の中は変なものですよね」

活版印刷人の経歴

溪山さんがこの台東区寿でＦＵＰを始めたのは二〇一三（平成二五）年六月のことだ。

当初は現在の工房から一〇〇メートルほど先にある元焼き鳥店の店舗を借り、設置料込みの一〇〇万円で手に入れた中古の「ＮＯＤＥ」、廃業した印刷会社から譲り受けた鉛活字などを運び入れていた。その建物が取り壊されることになり、同年九月に引っ越してきたのがいまの工房だ。

「変」と言えば、「活版印刷業」というよりはむしろ「よろず活版印刷人」と呼びたくなる彼が、この場所に至るまでの経緯もなかなかに風変わりなものだとぼくは思う。

一九六八（昭和四三）年に同じ台東区に生まれた溪山さんはこのとき四六歳。「将来のことなんて何にも考えていなかったですね」と語る。

ブラックミュージックが好きな一〇代の若者だった彼は、一度はアメリカにわたってアフロ・アメリカン・スタディーズを本格的に学ぼうとしたこともあった。だが、現実にはその夢は諦め、二〇代の頃はパチンコの運営会社に勤めていたという。

「ホールスタッフとして玉を運んだり台を直したり。途中からは本社に配属されて、新規店舗での接客マニュアルづくりなんてものにもかかわっていたんですよ」

と、振り返る。

「パンチのおじさんたちが客を威圧するような雰囲気を変えていこうという時期で、同僚もまだ給料が出たらその日のうちに競輪に行って使っちゃうような人たちばかりでした。刺激的でした。これまで経験したことのない世界でしたが、僕はそういうのが割と好きなんですよ。後に印刷屋の世界が性に合っていたのも、そんな性格のせいかもしれません」

ときはバブルの絶頂期、威勢の良い娯楽業界で働きながら、溪山さんは浄瑠璃の三味線音楽である清元節を習い始める。かつてブラックミュージックに憧れた経緯から、「俺は日本人だから、日本のルーツ・ミュージックなら究められるんじゃないか」と考えたのがその理由だったそうだ。

三〇歳でパチンコ運営会社を辞めた彼は、稽古をつけてもらっていた師匠からの誘いもあって、後の一〇年近くを清元節の「太夫」（浄瑠璃で詞章を語る役割）として過ごした。

二〇〇八年、そんな彼に大きな転機が訪れる。

「実は僕の叔父は内外文字印刷という活版の印刷屋を板橋でやっていましてね。跡目を継ぐはずだった息子さんがその頃に若くして亡くなって、叔父から困っているという話を聞いたんです。当時、僕は家元との関係がうまくいかずに清元をやめようとしていたので、「いまは暇だから手伝いに行くよ」ということになったんです」

そして、そのように叔父の印刷会社で働き始めたことは、溪山さんにとって子供の頃のある思い出を想起させる、人生のちょっとした悪戯のような体験となっていくのである。

中学生、活字を彫る

それは彼が中学生の頃のことだった。

内外文字印刷（当時は内外文字精巧）は、東京都北区滝野川で活字母型の製造を生業とする家族経営の会社だった。活字母型とは活字をつくるための型で、そこに鉛などを流し込んで冷やしたものが活字となる。かつて彼は凝っていたカメラ欲しさに、その母型をつくるアルバイトをしたことがあった。

「親戚が集まったとき、僕がカメラを買うお金が欲しいと言うのを聞いた叔父が「それならうちに来て働いてみるか」と。いま思えばそのときの体験が僕の原点になったんです」

生まれて初めての本格的なアルバイトである。東大前からバスに乗って滝野川へ行き、少し緊張しながら工場を訪れると、彼はその狭さと油で黒ずんだ室内の雰囲気にまず驚いた。学校の社会見学で見た現代的な工場とは異なり、引き戸を開けると薄暗い室内には年季の入った機械があり、叔父と叔母が黙々と活字を彫っていたからだ。

彼はここで主に叔母から機械の操作を教わり、比較的簡単な漢字の活字母型の製造を手伝った。

当時、鉛活字というものは、どのように彫られていたのだろうか。

このとき中学生の溪山さんが見たのは、津上式ベントン型母型彫刻機という機械だ。この彫刻機の原型は一八八五年、米国のアメリカン・タイプ・ファンダース（ATF）社の技術者リン・ベントンが開発したもので、原図を人がなぞることで活字母型を製造できる。

日本にも三省堂によって戦前に同機が輸入されたが、実際に広く普及したのは津上製作所（現・ツガミ）が三省堂との協業で国産化した一九四八年のこと。例えば秀英体を開発した大日本印刷の沿革にも〈一九四八年一月、津上製作所と、ベントン型母型彫刻機「活字パントグラフ」二台および付属品一式の製作を契約〉と書かれている。

それまでの活字母型は高度な技術を持つ職人の手によって、一文字ずつ彫刻刀で木材に逆文字が彫られていた。そのことを考えれば、ベントン彫刻機の登場がいかに日本の活字・印刷の歴史にとって、大きなトピックとなる革新的な技術だったかを実感するはずだ。何しろ今日初めて工場を訪れた中学生にも、それなりに精度の高い活字母型が造れるようになったのである。それは活字母型の量産化が可能になると同時に、一つの「職人技」がまた一つ消えた瞬間でもあった。

「叔父の母型製造工場には、黒光りした五、六台のベントン彫刻機がありました。本当に操作は簡単で、慣れれば誰にでもできる。僕にもすぐに母型がつくれました。かなは少し難しいので、簡単な漢字ばかりでしたけど。後になってから聞いた話ですが、昔は内外も電通や毎日新聞と直接取引があって、活字母型を納入していたこともあったそうです。いまから振り返れば活版で食える最後の時代でしたが、それくらいの仕事はあったということでしょう」

ベントン彫刻機では前述のように大きな字のパターンをなぞると、機械に備え付けられたドリルが振り子の原理で作動し、同じパターンが縮小されて真鍮の母型材に彫り込まれる。

段階的に彫らないとドリルの先が折れてしまうため、まずは太いもので粗くなぞる「粗彫り」を行ない、順次ドリルを細いものへと交換して輪郭をさらに彫る。このドリルを細く砥ぐには技術が必要で、叔父はよく薄暗い工場で刃先を研いでいた。そんななか、彼と叔母が彫刻機の前で、黙々と母型を造り続けるのが工場の日常だった。

一個の母型の完成までにかかる時間は二〇分ほど。活字メーカーや印刷会社に納入された後、「鋳込み」と呼ばれる鋳造が行なわれる。自分でなぞった原字のパターンが鏡文字となって機械から取り出されるとき、渓山さんは何とも言えない面白さをいつも胸に抱いた。そして夢中でアルバイトを続けるなかで、同じ作業を一緒にしている叔母が、面白そうにこう言っていたのをよく覚えている。

「男の人の彫った字は、やっぱりちょっと太いわねェ」

そう言われてよくよく母型を見比べれば、叔父の彫ったものよりも彼女の母型の方が、確かに心なし少し細い気がするのが不思議だった。全く同じ作業を同じようにこなしているはずなのに、どうしてそうした違いが出るのか。いまでも彼は理由が分からないままだ。

一カ月ほどのあいだ母型製造の仕事を手伝った彼は、中学生には少なくないアルバイト料を貰い、欲しかったコンタックスの中古カメラを手に入れた。

当時を振り返るとき、溪山さんは内外文字精巧という活版印刷に関係する一つの会社にとって、この頃が最後の幸せな時期だったのだとあらためて思うと話す。

「中学生だった僕には知る由もありませんでしたが、その頃には母型活字だけで食っている会社はすでにほとんどなかったと思います。その意味では、あれが家族経営の母型屋が残っていた最後の時期だったんです」

そう語る彼はそれから二〇年以上の時を経て、再び叔父の会社を訪れることになるのだ。

電算写植にふれる

中学生時代に活字母型の製造を体験した溪山さんが、次に印刷の世界に触れたのは、高校を卒業してすぐのことだった。アルバイト情報誌で写植の修正の仕事を見つけ、凸版印刷の板橋工場で深夜作業をしたのである。

初めて板橋工場の現場を見たとき、彼は滝野川の工場での日々を久しぶりに思い出し、

「これでは叔父のところはもうダメだ。あれは近いうちに消えていく世界だったんだ」と感じた。

仕事の始まる夜一〇時に板橋工場へ行くと、写植の修正部屋には四〇台ほどの机が並んでいた。深夜作業は四、五人で行なわれるが、昼間には女性を中心としたスタッフがぎっしりと座って働いているとのことだった。

組版の修正の作業は電算写植で打ちあがってきた印画紙に、最終段階で直しが必要になった文字をピンセットで切り貼りしていく細かな手作業だ。写植は印画紙に文字を焼き付けるため、活版組版のようにあとから文章の一部だけを訂正できない。よっ

て印画紙になってからの直し箇所には正しい字を貼り付け、必要があれば漢字の偏や旁を出力して組み合わせ、作字して貼り付けなければならない。

「後から貼り付けた字は、少し曲がっていたり目立ったりもしました。書籍や辞典でそれは許されませんが、僕のようなアルバイトが担当するのは主に雑誌。その辺りはそれほど厳密ではありませんでした。発売前の『ぴあ』や『ホットドッグ・プレス』が読めるので楽しい仕事でした」

しかしそうした作業を深夜に続けていると、それが活版印刷の鉛活字の製造と同じ印刷業であることに、彼は時代の流れを感じずにはいられなかった。ベントン彫刻機で書体をポイントごとに彫り、母型に鉛を流し込んで活字をつくる――その世界とはまるでスピードが異なり、何百、何千というページがあっという間に印刷されていくのだから。

彼の叔父の内外文字精巧はその頃、母型の製造だけではなく活字の鋳造にも手を広げていた。大日本印刷の活版印刷部門が二〇〇三年まで稼働していたように、活版印刷はコミックや週刊誌などではまだまだ現役だった。だが、家族経営の「母型屋」となると話は別だ。

例えばかつての母型活字の納入先であった新聞社は、一九八〇年代に「日本語モノタイプK．M．T」という全自動の活字鋳植機をすでに導入している。書籍の印刷はオフセットが主流となり、活字母型の発注は減るばかりだった。

そこでK．M．Tや鋳造機を購入して活字そのものを製造し、印刷会社に製品を納入する「活字屋」として生き残りを図る――。それが「母型屋の食いつなぐ道」だったという。

筑摩書房の編集者だった松田哲夫氏は『印刷に恋して』のなかで、活版組版から電算写植への技術革新の時代背景を次のように解説している。

〈一九七〇年頃、印刷業界には反公害の動きの中で、苦慮していた。活版印刷は鉛などの金属を使い、大量の廃液を出す。低公害化という要請が日に日に強まっていた。一方、通産省は、積極的に生産工程のコンピュータ化を推進していた〉

さらに印刷会社も工程のデジタル化を進めれば工場の環境改善につながるし、文選工や植字工といった職人の確保に頭を悩ます必要もなくなる。

それでも活版組版の印刷所が細々と経営を続けられたのは、活版には電算写植にはない利点もまだ数多くあったからだ。文字の修正が容易であること（該当箇所の活字を正しいものに入れ替えればよい）、そして普段は使わないような「外字」の作成が比較的簡単にできる他、「オフセットでは少部数の出版物の印刷が不向きだったのが理由の一つ」だと溪山さんは指摘する。

「ＤＴＰが出てくるまでは、実は活版の方がコストが安かったんです。オフで利益が出るのは五〇〇〇部以上と言われていたので、それこそ一〇〇部や五〇〇部のものは活版にまだまだ出番があった。活版印刷の〝貢物〟としていまも詩集や句集の仕事が残っているのは、その名残のような面もあるでしょうね」

彼が清元節の太夫を辞めて内外文字印刷と名を変えた同社に再びやってきたとき、同社は活字鋳造からさらに印刷にまで事業を広げていた。

「代々の土地を売った資金もあったそうで、設備投資をして事業を広げたんです。亡くなった息子のため、という思いも叔父にはあったのでしょう。でも、それが失敗したんですね。印刷までするとなると、鋳造から文選や植字まで全てが分業ですから、職人さんも必要なら新しい機械もいる。

ただ、確かに時代の流れには全く逆行してはいたけれど、他の活版印刷の会社が次々に廃業していたので、仕事が全くなかったわけではなかった。それで僕は活版印刷の世界に触れることができたんです」

一期一会の道具たち

二〇〇八年の夏のある日、溪山さんは板橋区に移った内外文字印刷の工場を初めて訪れた。工場は印刷機と鋳造機、文選場と植字場がそれぞれ別棟にあった。後者の棟に入ると、奥の文選場には鉛活字がびっしりと並んでいた。

母型、鋳造、文選、植字、印刷——それぞれの部署には六〇代~七〇代の職人が一人ずついて、彼らはみな黙々と自分の仕事に没頭していた。凸版印刷で巨大なオフセット印刷の輪転機が回るのを見たことのある彼は、時代が一気に巻き戻されたような気持ちを抱いた。

「とりあえず、鋳込むのをやってくれ」

叔父にそう言われ、溪山さんはOさんという七〇代の職人の下で活字の鋳造をすることになった。

内外文字印刷は「端物」と呼ばれる名刺などの印刷は基本的に行なわず、書肆山田、砂子屋書房といった出版社の詩集や句集、歌集を中心とした「頁物」を主に受注していた。

頁物の印刷には大量の鉛活字が使用されるため、鋳造機は常に稼働している状態だった。

鋳造機では約三五〇度の熱で鉛を溶かし、活字として鋳造していく。

何よりも重要なのは温度管理で、それがうまくいかないと質の良い活字にならない。活字の高さが均等でなければ、印刷時に色むらが生じてしまうことにもなる。そこが職人の腕の見せどころだ。溪山さんはOさんから機械の調整の仕方を教わり、最初の三カ月間をひたすら鋳込みの技術習得に当てた。

そのなかで彼が実感していったのは、時代の流れに全く逆行しながらもこの世界を手放そうとしなかった印刷所の経営者には、それぞれに活字に対する強い思い入れがあるのかもしれない、ということだった。

活字とは一期一会の道具だ。

鉛は軟らかい素材であるため、一度印刷に使用されると高さが変化する。そのため使用後は業者が使用済みの活字を回収し、溶かして成分が調整された後、再び鋳造機に投入されて新たな活字へと生まれ変わっていく。それを何度も繰り返すうちに、彼も一個一個の活字に愛おしさのような感情を抱くようになった。

「活版をしていた経営者には、いまでも活字を捨てずに持っている人が意外と多いんです。彼らには「活字に食わせてもらった」という思いがある。僕がFUPを始める時も、そうして捨てられずにいた思い入れのある設備を、いくつか譲り受けることになりました」

それは失われてしまった世界への郷愁というよりは、「これで子供を学校にやった」「家族を守ってきた」という彼らの手放しがたいアイデンティティでもあった。彼の叔父もまた、そんな経営者の一人だったのだ。

そして、溪山さんが後にFUPを始める際に内外文字印刷の仕事の一部を引き継ぐのは、そのなかで彼自身が次第に活版印刷の世界へと惹きつけられていったからだった。

文字を読まずに活字を拾う

彼は鋳造の技術をしばらく学んだ後、今度は組版の職人のもとへ通って仕事を教えてもらうことにした。

「いいよ、教えてやるから仕事を取って来い」

やはり七〇代の職人に言われ、しばらく悩んだ挙句、父親に頼み込んで五〇枚分の年賀状を発注してもらった。

「まァ、最初はそんなもんか」

呆れ顔で笑われたが、持ち前の明るさと好奇心で彼は基本的な作業工程を教わった。あるいは文選の工程を見学すれば、活字を拾う職人の手捌きに驚かされた。

文選場の活字棚には、直方体の鉛活字がポイントやフォントごとにびっしり収められている。内外文字印刷では、ひらがなは「いろは」順に並べられ、漢字は偏と旁だけではなく使用頻度の高い順に「袖」「大出張」「小出張」「泥棒」と分類されていた。「袖」は「着物の袖から襦袢が出る」ほどよく使う文字の意、大小の「出張」は活字が出ていく頻度を示し、「泥棒」は「めったに出ない」の喩えになっている。なかなか洒落の利いた表現だ。

職人は左手に文選箱と原稿を持つと、ほとんど手元を見ずに凄まじい速さで活字を拾っていった。中西秀彦著『活字が消えた日』によれば、原稿を見ながら活字を拾うのは文選職人なら当たり前、これが達人になると〈拾った活字を見ずにもう一度棚へもどすことが、拾うのと同じ速さでできた〉というから、ちょっと想像のつかない神業である。

「活字を拾える数は、熟練した職人さんで一日に八千から一万字と言われていまして

FUPの活字棚

ね」と渓山さんも当時の驚きを隠さずに言った。

「三〇〇枚の原稿なら一週間以上、それを今度は植字の職人さんが組むわけです。その作業にさらに三日。それから校正刷りをして、赤字を入れて直す作業が出版社とのあいだで繰り返されていくわけです。和文の活字は四角いけれど欧文は真四角ではないし、ルビも入ってくる。だから、現場ではとにかく「読むな」と言われるんです。文選も植字も文章を読んでいたら仕事にならないからです。こりゃあ、途方もなく大変だなと思いました。本というのは、こんなふうにつくられていたのか、という素直な驚きがありました」

ただね――と彼は続ける。

「大規模なオフセットの設備を以前に見ていた僕は、一方でこうも感じたんですよ。本というのはこんなハンコや木（インテルには木製と金属製のものがある）を組み合わせて、ペタッと押すだけで出来ちゃうものでもあるんだ、って。それはもう、誰にでも分かる単純な仕組みなんですから」

そのように各部署の職人たちから仕事を習ううちに、彼は活版印刷の面白さに惹きつけられていったわけだが、彼が自ら印刷工房を立ち上げようとまで考えるようになったのは、印刷の仕組みや前述の「手ごたえ」だけではなく、何よりも活版印刷の持つ歴史や世界そのものに魅了されたからでもあった。

彼は鋳造機で活字を製造する日々を送るうちに、ともすれば一日中一言も発せずに黙々と持ち場で仕事を続ける職人たちから、活版印刷の全盛期の思い出話を意図的に聞き出すようになっていったのである。

活版印刷の職人たち

内外文字印刷で働いていた職人たちは、多くが中学校を出てすぐに働き始めた人たちだった。東北の出身者が多かったのは、当時の現場に地域による派閥のようなものがあり、「青森出身者なら青森から若い子を引っ張ってくる」という流れがあったからだという。

仕事が終わってから居酒屋へ飲みに行くと、彼らの一人は酒に酔って、

「昔はさ——」

と、ぽつり、ぽつりと思い出を語ってくれた。

例えば彼の鋳造の師匠となったOさんは最初、神田の活字活版材料の製造販売会社で文選工として働いていた。神田は印刷業のメッカであり、紙屋や活字屋が周囲には

軒を並べていた。文選から鋳造に移ったのは、鋳造機が音を立てて回っているのを見て、面白そうだと思ったからだという。

　あるいは、別の植字工の職人からはこんな話を聞いた。

「今日は共同、明日は凸版――って渡り歩いたもんだよ。大学の印刷所は金がいいらしい、と聞けば今度はそっちに行ってさ。試験問題ってのは一カ月、二カ月と缶詰になる仕事だが、月に五〇（万）はくれる。外に出られなくても喜んで行ったもんだ。すると印刷屋は人が足りなくなるから、「頼むよ」「しょうがねえなあ」と他の誰かが来る。（電算写植が出てくる以前の）昭和四〇年頃の話だがね……」

　徒弟制度の厳しさ、溶剤とインクまみれになる劣悪な職場環境。だが、自分たちには雇われることを良しとしないプライドがあった、と彼らは一様に語った。

　仕事は一年を通じてどこかに必ずあったという。印刷の工程では組版の人手不足が深刻なボトルネックとなるため、名を成した者のなかには職人を紹介する口入れ屋として生計を立て始める者もいた。

「電話帳をつくるから会社を始めると言う奴がいてな。鋳造工をごっそり持っていかれたけれど、あいつはいまどうしているかなァ――」

　七〇代後半になるOさんの回想である。

腕一本で生きるということ

そんな話をいくつも聞いていくうちに、渓山さんは職場を支配するある一つの雰囲気にも、歴史的な理由があることを知った。

彼が内外文字印刷で働き始めて何より不思議だったのは、鋳造、文選、植字、印刷というそれぞれの部門の職人たちが、お互いに全く会話を交わそうとしないことだった。彼らは仕事上で生じたちょっとした問題についても、相談し合うということがほとんどなかった。

「例えば文選の人が間違って活字を拾ったとき、植字の人は「拾いなおしてくれ」の一言を言わない。職場に誰もいなくなってから自分で拾いに行くんですよ。あるいは鋳造の段階で機械に油を入れ過ぎると、熱で溶けた油が冷めたときに活字同士がくっついてしまい、パキパキと一文字ずつ外さないといけなくなる。文選の人は文字を拾いにくいわけですが、これも絶対に文句を言わない。黙々と一人で活字をばらしているんです。

あとから来た僕なんかは当然、もっと仲良くすればいいのにと思うのだけれど、社長に言うと「職人の仕事だからな。仕方ないんだよ」と。各工程を担う職人の多くはフリーランスとして腕一本で生きている自負があって、自らが食べていくための技術である作業の現場を決して人に見せませんでしたしね」

彼らは一人で昼食をとり、一人で昼寝をし、一人で酒を飲みに行く。渓山さんはそんな職人たちのあいだを、彼らにしてみれば不意に現れた物好きな新人、アウトサイダーのアマチュアとして行き来することで、話を聞いていったのである。

Oさんや叔母の話によれば、この雰囲気は昔から同じようなものだったという。

各部門に大勢の職人がいた最盛期、大手印刷会社にはそれぞれの部門に労働組合があり、野球チームの試合では真剣な戦いが繰り広げられた。当然、労働争議も激しかった。会社の課長クラスの社員には、そのように縦割りに組織された職人たちのあいだを取り持ち、仕事が円滑に進むようにする力が求められた。

また、印刷が刑務所内での刑務作業として教えられる仕事であることも、職場の雰囲気を独特なものにしていたことを彼は初めて知った。

「まあ、そうした筋の人の方が穏やかだったりもしましたが、とにかく活版印刷の盛んだった頃の職人は引く手数多。俺は植字ができるよとなれば、すぐに就職できたわけです。気性の荒い人も多かったから、そうした人たちをまとめるために組織が必要になって、組織があれば親分もできた。

自分の技術を教えない、部門ごとに対立しながら組織をつくる……。そうした職人組織に頼らざるを得ない経営側から、「活版なんてやるもんじゃない」と切り捨てるように言われ始めるのは経済原理からすれば当然の話だったのでしょうね。それもオフセットの導入が一気に進められていったことの、忘れてはならない一つの背景だったのだと僕は思います」

溪山さんが働いたその時期、活版にかかわっていた会社が消えていくなかで、内外文字印刷にも最期のときが訪れようとしていた。

彼が知った活版印刷業の内情は、人件費を捻出するのも難しいという厳しいものだった。組版の代金の単価は、字割りのないもので一頁につき一〇〇〇円未満。八〇〇円であれば、組版や複数回の校正を含めて一〇〇頁の本で八万円にしかならない。印刷代は一六頁で五〇〇〇～六〇〇〇円が相場であり、一六〇頁の本を五〇〇部印刷しても五万から六万円程度である。

「職人が五人もいれば、最低でも月に二〇冊は注文がないと人件費も出ない。それが四、五冊になっていたわけですから、ここまで続けられたのがむしろ不思議なくらいでした。大量生産の仕組みと徹底したコストカットの末、ある出版社の仕事を受けると印刷所が潰れる、なんていう噂もあったくらいです。その上、もし高齢の職人さんが一人でも倒れたら、出版社から受けている仕事を納期に間に合わせるのは不可能でした。それでやめていく会社も多かった。あらゆる面で一つの産業としての限界だったのでしょう」

最後の日、叔父が会社を畳むことを伝えたとき、その事情を知る職人たちは誰一人として反対しなかった。彼ら自身、年金があるから続けられた仕事であり、以前からそのことは覚悟していたようだった。

昨日まで明るかった工場の灯りが消え、職人が一人、また一人と去っていく。溪山さんはそうして一つの企業が、さらに言えば一つの産業が消えていく現場に、図らずも立ち会ったのである――。

いま活版で刷るということ

溪山さんは内外文字印刷での日々を、まるで何十年も前の遠い思い出話であるかのように語った。それは、例えば製本がまだ職人的な世界だった頃の話を、昨日のことのように語った松岳社の青木英一さんとは対照的で、ぼくはその語り口に活版印刷の

「語り部」たろうとする彼の心意気を感じる思いがした。

「板橋の工場をしまうとき、僕は精根尽き果てていた叔父に「機材を譲ってくれ」と最初は言えませんでした。かろうじて「お金をかけて処分するならちょうだい」と言って、植字台や机を持ってくることしかできなかったんです」

ＦＵＰを始めると伝えた溪山さんに、叔父は強く反対したという。

「（名刺などの）端物をやるだけだから」と言うとしぶしぶ認めてくれたが、「頁物」を受注することには決して賛成してもらえなかった。

「頁物についてはいまでも反対されていますよ。最近はようやく、「俺の見えないところでやってくれ」と言ってくれるようにはなりましたけれどね。印刷業の経営の苦しさを知り抜いている人だから、僕に無理をさせたくない、無理をしているところをせめて見たくない、ということなのだと思います」

ただ、溪山さんにはたとえ細々とではあっても、活版印刷の世界を残していきたいという思いがいまではあった。それは内外文字印刷で働くうちに、彼のなかに芽生えたささやかな夢だった。

「とにかく活版で本をつくれる環境を残して、次の世代に渡したかったんです。カードや名刺、原稿用紙を刷って糊口を凌ぎながら、原稿を受け取って組版をつくり、印

NODEで作業する溪山さん

刷物としてお客さんに渡せる仕組みを残す。それが印刷屋で広く浅く技術を学ぶ機会を得た自分のできることなんじゃないか、って。

大儲けできるなんて最初から考えていないわけですから、どうにか採算を合わせる可能性をここで探っていきたいです。このままでは近いうちに必ずなくなってしまうけれど、なくなるにしてはちょっと惜しい世界だとやっぱり思うから」

溪山さんは内外文字印刷で働いていたとき、職人たちから「原稿は読むな」と何度も言われた。文選や植字、印刷の際に中身を読んでいたら、仕事にならないと彼らは言った。

しかし、古びた印刷機で詩や俳句が次々にゲラ刷りとなって吐き出されてくるとき、彼は思わず作業を忘れてその一行一行を読み込んでしまうことがあった。

「楽しいなァ、って思ったんですよね」

そう話すと、彼は明るい笑い声をあげた。結局、自分は活版で刷られる本というものに、理屈抜きに魅了されてしまったのだ、と言うように。

「まだ活版で印刷物を刷りたいという需要は消えたわけではありません。本のどこかの部分に活版を使いたいという需要もあるかもしれないし、自分のためにつくる大切で特別な本を活版でやりたいという人もいる。そういう本をつくりたいと誰かが思った時に、オンデマンドだけが選択肢というのは寂しいじゃないですか」

そのときに――と彼は言った。

「僕は「できますよ」と手を挙げたい。ここをそんな場所にしたいんです」

再会を約束して彼の工房を出た。

街道沿いにあるその古い建物をふと振り返って見ると、鉛活字や植字台や、そしてＮＯＤＥの印刷機の置かれた彼の工房は、街並みのなかで時を止め、一つの時代を留め置こうと息を潜めているように見えた。

よろず印刷承ります――。

そう書かれた短冊が、風に吹かれてくるくると回っていた。

第四章　校閲はゲラで語る

第三者の鋭い目

手元に置かれたビールを一口、二口と飲むと、矢彦孝彦さんは寝不足の赤い目を擦って、

「いや、昨日はある作家の校正刷りの締切日でしてね。これがなかなか手強い仕事で……」

と、言った。

「いや、本当に参りました」

そう穏やかな調子で続けてから、また一口、二口とビールを美味そうに飲む。

「この二日間、著者が真っ赤にしたゲラと格闘していましてねえ。彼が「真っ赤っかにしてやったぜ」と言っていたので、僕は「真っ黒くろにしてやったぜ」とゲラを編集者に渡してきたところなんです」

一つの仕事を終えたことがいかにも清々しいという感じで彼は話した。校正人生四〇年、仕事を楽しむということを知っている人なのだ、とぼくは思う。

二〇一二（平成二四）年の六月に新潮社を退職した矢彦さんは、同社の校閲部に定

年まで勤めた人だ。

若い頃は『小説新潮』などで司馬遼太郎、水上勉、松本清張、五味康祐——といった錚々たる作家たちの生原稿を読み、後年は塩野七生著『ローマ人の物語』の校閲を担当した。その塩野氏からは「会社を辞めても私の本を続けて見てほしい」と依頼されたというほどだから、編集者だけではなく作家からも厚い信頼を寄せられているのだった。

彼は現在も社外の校閲者として複数の版元から仕事を依頼されており、「会社を辞めてから、かえって忙しくなったみたいで」と言う。それは彼の校閲の高い技術を他の編集者が放っておかないからだろう。

校正・校閲とは、著者の書いた原稿を印刷された「ゲラ刷り」と読み比べ、誤りを正す作業のことを指す。厳密にはゲラ刷りが原稿通りになっているかをチェックするのが校正、内容の事実確認や正誤を含めて調べ、全体の矛盾などを洗い出すのが校閲、ということになろうか。

単行本や雑誌が印刷されて世に出るまでのあいだに、著者は編集者を通して原稿のやり取りを何度も行なう。そこで内容に関する様々な疑問を解消したり、構成や文脈、文法上の誤りを正したりするわけだが、その過程で入る第三者の「目」——それが校正や校閲と呼ばれる仕事である。彼らの目を通して初めて見つけ出される誤字や脱字、思い込みやうっかりしたミスからなる表現上の誤りも多いため、今も昔も出版物の価値を高める上で重要な仕事の一つだ。

大昔に遡れば、校正は「価値」どころかその出版物の存在意義そのものを左右しかねない重要な役割を担っていた。そのことを表すためによく紹介される例に、「姦淫聖書」というただならぬ気配を感じさせるこんな逸話もある。

一六三一年に英訳された聖書に、とんでもない誤りがあった。問題となったのは旧約聖書の「出エジプト記」で、モーセの十戒の「汝、姦淫するなかれ」＝Thou shalt not commit adultery の not が書かれていなかったのだ。これでは「汝、姦淫せよ」となってしまうというわけで、この聖書は大部分が焼き捨てられた。校正者には厳しい処分が下された――というから命がけの仕事でもあったのである。

さて、この「校正・校閲」という仕事について語るとき、多くの書き手から信頼されているのが、矢彦さんが部長を務めていた新潮社の校閲部だ。近年、出版社ではコストカットを理由に校閲専門の部署が閉鎖され、外部の業者に依頼するようになっている流れにおいて、同社は社内の「校閲部」を意識的に保ち続けている出版社の一つだからだ。

例えば、同社から多くのノンフィクションや小説を上梓している作家の石井光太さんが、ツイッター上でこの校閲部の仕事の細やかさを紹介し、ちょっとした話題になったことがあった。そこで彼は〈新潮社の校閲は、あいかわらず凄い。小説の描写でただ「まぶしいほどの月光」と書いただけで、校正の際に「OK　現実の2012、6／9も満月と下弦の間」とメモがくる。このプロ意識！〉と書いていた。

また、筑摩書房から出ている『増補版　誤植読本』を読むと、直木賞作家の藤田宜永氏もこう指摘している。

〈（新潮社の校閲は）実に細かいチェックをやってくれる。パリの通り名もすべて調べてある。ちょっとした季節の差に対しても疑問を投げかけてくれる。単純なミスだけではなく、内容を熟知していないと探し出せないミスにも疑問符がついていた〉

作家たちのこうした体験に触れると、自分自身、同社から『命をつないだ道』という本を出版した際のことを思い出さずにはいられない。

東日本大震災の「道路復旧」をテーマとしたこの本は、三陸沿岸を貫く国道四五号でその作業を担った人々の姿を描いたノンフィクションだった。登場人物は多く、内容は大津波警報が出された日時や天気、復旧にかかった時間、土地の歴史的な経緯などが複雑に入り組んでいた。受け取った校正刷りにはそのシーンの一つひとつにチェックが入り、ときには先のような指摘が資料とともに書き込まれ、「事実」の整合性が確認されていたものだ。

当然、著者は自身の原稿に誤りがないよう細心の注意を払うべきだけれど、ケアレスミスや思い込みによる間違い、そのための矛盾点というものが初校の段階では数多くある。「姦淫聖書」のように焼き捨てられはしなくとも、推理小説であればそれがトリックそのものの成立にかかわるものかもしれないし、ノンフィクションもある一点の「事実」の間違いが後世までそのままにされたり、致命的な欠陥となったりすることも大いにある。その意味で著者にとって、校正・校閲を緻密に行なってもらえることほど有り難いことはない。

しかし、著者は校正者とゲラ刷りのやり取りをするだけで、実際に顔を合わせることも名前を知ることもないのが普通だ。

前述の『誤植読本』のなかで、編集者の鶴ヶ谷真一氏は〈校正とは、ひとつの誤りもなく成しとげれば、人に気づかれもせず、誤植という誤りがあれば、ことさら人目にたつという、実に割に合わない仕事である〉と書いている。

まさしく彼らは一冊の本の価値を支える陰の立役者であり、普段は読者が意識しない出版文化のインフラのような存在なのだと思う。

では、そんな彼らはどのような現場で働き、どのような思いを抱えながら仕事をしているのだろうか。

それを知りたいと思ったのが、矢彦孝彦さんのもとを訪れた理由だった。

人と付き合わない孤独な作業

お酒を飲みながら話を聞くことになったのは、他でもないその矢彦さんの提案だった。

「ほら、校閲という仕事は机に向かって原稿をひたすら読むものですから、偏屈とまでは言わないまでも、あまり人と付き合わない社員が多いんですよ」と彼は言う。

「でもね、僕はそれではイカンとずっと言ってきたんです。こんなふうになるべく人と実際に会って、できればお酒でも飲んで仲良くなりなさい、と」

良い校閲者になるには酒を飲むべし――その意味についてはあとで再び語ってもらうとして、その前にまずは校正・校閲者という人たちが日々、どのような作業を行なっているかをここで紹介しておきたい。

校正・校閲とはとても孤独な作業だ。

傍らに元となる原稿を置き、もう一方にはゲラ刷りを置く。原稿がデータ入稿でない場合、それを突き合わせる作業は「首振り」とも呼ばれ、疑問点があれば各種の辞典や人物事典、インターネットなどで内容を確認していく。

仕事の進め方については人によって違いがあるが、矢彦さんの場合は次のような手順だという。

最初に行なうのは、ゲラ刷りを最後まで素読みして全体の内容をつかむことだ。このとき「この原稿では何に注意すべきか」「どのような調べごとが後に必要になりそうか」をざっくりと把握し、次にじっくりと内容を読み直す。

この再読の際に初めてノートをつくる。

「校閲的な読み方」の基本は書かれた内容の事実確認、文章の矛盾点やストーリー上の齟齬がないかを中心に見ていくことだ。その上でポイントとなるのは、文章中の固有名詞、年代的な記述、季節的な記述、時間的な記述である。それらの項目が出てくる度に、ノートに要素を書き込む。「若葉が茂っている」と書かれていれば「若葉の季節」、「外に出るとキンモクセイの香りがした」とあれば「九月〜一〇月頃？」という具合に。

「若葉が茂っていたのに、その後の時間経過がないまま葉っぱの落ちるような描写があれば、「これは変だ」となるわけです。ポイントになる項目や季節、固有名詞、地名をチェックポイントにしながら、それを押さえて読んでいくということです」

小説やノンフィクションといったジャンルの違いにかかわらず、このノートと同時につくるのが年表である。

特に時代小説や歴史小説の場合は大きめの用紙を用意し、土地の名前や時間、登場人物などの要素を事細かに書き込んでいく。例えば「ルキウス」「ハドリアヌス」といった登場人物の一人ひとりについて横軸と縦軸で年齢と出来事を書き並べ、「一〇年後」のような記述の度に年齢がすぐにチェックできるようにするわけだ。そうした人物関連図はそれこそ『ローマ人の物語』のような長大な大河小説となれば、まるで「鉄道のダイヤグラムみたい」になるそうだ。

さらにこの基本的な読み方に加えて、新潮社の校閲部では様々な得意分野を持つ部員が、ときにはさらに深いレベルでテキストを読み込んでいくという。

漢詩や草書が読める者、古典や古文書に造詣の深い者、各種外国語や軍事分野に強い者など人材は豊富で、作品の内容によってそれらの個性が活かされていく。ちなみに矢彦さんは古典文学を得意としてきた。

「名前は言えませんが、ある小説で遊女の日記を一部、それらしく書きたいという著者からの要望があったんです。著者はそれを現代文で書いてきて、「遊女風に翻訳して欲しい」とゲラ刷りに指定してあるんですよ。そういうことなら矢彦だ、となった。でも、古語辞典というのは古語を引いて現代語にするためにあるわけで、その逆はないのです。そこで私は近松門左衛門の作品や同時期の文献をいくつか必死に読み、遊女の台詞を文体模写することにしました。懐かしい思い出です」

このエピソードはもはや校閲の仕事の範囲を超えているようにも思えるが、余談として切って捨てるには惜しい新潮社校閲部の底力だろう。

それぞれの作品はこうした校閲部員によって読み込まれていくわけだが、ぼくが矢彦さんの話を聞いて唸らされたのは、これら個々の技術を前提としながら、新潮社が二重三重に誤りを見つけ出すシステムとして校閲部を機能させていることだった。

同社では一つの作品に対しては通常、初校と再校を両方とも読む担当校閲者が一人付き、さらに別の校閲者（社外の人員であることが多い）が各段階でゲラ刷りに目を通すという。つまり一冊の単行本に対して、三人の専門家が合わせて四回、内容をチェックしているということになる。

また、校閲部は各雑誌、単行本、文庫、企画出版と分野ごとにグループが分かれているので、文庫化の際は単行本とは別の部員が内容を読み込む。「これは新潮社の偉いところだと思うのですが――」と矢彦さんが語るように、雑誌連載を単行本化した作品の場合、連載時から文庫化までの流れのなかで少なくとも五人以上の校閲者が入れ替わり立ち替わり、ゲラ刷りを読んでいるわけだ。

「畳のホコリと誤植は叩けば叩くほど出る」という格言がある。

「それだけ読んでもまだ誤植が見つかるのですから、ホントにイヤになっちゃいますけどねえ」

と、矢彦さんは笑うけれど、こうした一つの作品に対する細やかさは、「新潮文庫」を始めとする新潮社の出版物のブランドを支えている大きな要素なのだ。

ゲラを通して著者と対話

そんななか、彼が「良い校閲者になるには酒を飲みに行け」と語り続けてきたのは、校正・校閲という作業が誤植や間違いを見つけ出す「技術」であると同時に、ゲラ刷りを通して著者とやり取りするコミュニケーションだという思いがあるからだ。

「例えば、ある言葉について「これは辞書にはありません」という疑問を私たちは出すわけです。でも、著者のなかには「辞書にあろうがなかろうが、いまここではこの字を使いたい」という強い思いを持っている人もいる。だから、ただ線を引いて簡単に疑問を出すのは、失礼に当たると私は思っているんです。

要するに、書かれたテキストと少し距離を置いた疑問の持ち方が大事だということです。編集者と違って私たちはほとんどの場合、著者と顔を合わせないし、相手が僕らの名前を知ることもない。ゲラのやり取りを通して、その人と付き合うのみです。だからこそ、疑問の出し方も一つひとつ、丁寧でなければならない。そして、それは次にその作家がうちの出版社で書いてくれるかどうか、ということにだってつながっているのです」

それは塩野七生氏の一連のベストセラーが新潮社から出版され、その校閲者として矢彦さんが指名されていることとも無関係ではないだろう。著者にとってゲラ刷りを通してやり取りする校閲者は、ときには編集者と同様にその出版社の代表者なのだ。

最近もこんなことがあった、と矢彦さんは続けた。それは彼と著者との「対話」が、ときにこのようなやり取りになるという一例だ。

ある時代小説の校閲をしていたときのこと。ゲラ刷りを読み込んでいると、「萌木色」という言葉に引っ掛かりを感じた。

「たしか、萌木色というのは「萌葱」と書くはずだぞ」

そう思った彼は小学館の『日本国語大辞典』――用例の出典と語誌が記載されているため、最も信頼している辞書だ――を開き、「もえぎ」を引いてみた。すると、「萌葱」「萌黄」の他に「萌木」という表記も一応採用されていたが、「もえぎいろ」については思った通り「萌葱色」か「萌黄色」である。手元にある他の辞書でも同様だったため、「葱あるいは黄ではないでしょうか」と疑問を出すことにした（『日本国語大辞典』第二版では、後述の『貞丈雑記』を取り上げ、「萌木色」の用例をあげている。ここでは初版をもとにしている）。

しかしその後、しばらくして著者からの校正刷りが戻ってくると、他の疑問点についてはほぼ訂正案を受け入れてくれていた一方、「ここは「木」のママにしてほしい。以前に何かの本でこの字が使われているのを見た」とあった。

校閲者としての矢彦さんの心が燃えるのはこのようなときだ。

再びこの箇所について調べる際、彼はまず全二〇冊からなる物集高見編『広文庫』（大正五～七年に「広文庫刊行会」により刊行され、昭和一〇から一二年に改めて刊行されて流布した百科事典）と江戸時代の辞書である谷川士清著『和訓栞』を書庫から取り出した。

「すると、江戸中期の有識故実研究家・伊勢貞丈が著した『貞丈雑記』のなかに

「〈もえぎ〉を萌黄、萌葱と書くのは誤りで「萌木」が正しい、色も〈萌木色〉とすべし」という記述を見つけたんです。これは和綴じ本でして、『広文庫』の記述からそれを繰りました。また、『和訓栞』の方も「萌木色」を採っていました。僕はびっくりして著者に手紙を書きましてね。「萌木色が最も正しいと説いた学者が確かにいました」と」

そのような発見があったときが、本当に校閲という仕事をやっていて良かったと思う瞬間だと彼は続けた。

「著者はこの原典を読んだことがかつてあったか、その原典を使った何かを読んだのでしょう。こういうことがあるから、手元にある辞書だけを信じ切って安易に疑問を出してはいけないんです。辞典の編纂者がそれを書かなければ、もう言葉を辿れない。かつては正しいとされていた字が、なんらかの理由で消えてしまっていることもある。著者にその言葉に対するこだわりがあるのだとしたら、やはりそこには何らかの意味があるのだとまずは考えるべきでしょう。

このように校閲というのはそれぞれの著者の立場に立って、全体を見ていくのが何より大切なんです。字句の統一なんてものは二の次でいい。著者の立場に立つためには、なるべく見聞を広めて、人と話をする日々を送ることです。家と会社の往復だけでは、優れた校閲者にはなれない。だから良い校閲者になる方法を聞かれる度に、私は一言、「酒を飲みに行きなさい」と言ってきたんです」

では、矢彦さんのこうした「校閲哲学」とでもいうべき姿勢は、どのように培われたものなのだろうか。

文学の熱気あふれる出版社へ

矢彦さんが新潮社へ入社したのは一九七〇（昭和四五）年。

街がざわついていた時代だった。

高田馬場に借りたアパートから矢来町の社屋に歩いていくと、安保闘争の学生たちが大勢いた。機動隊に投石する一群に投げ込まれた催涙ガスを吸い込み、入社前に涙が止まらなくなったこともある。

一九七〇年は一一月に三島由紀夫が自衛隊市ヶ谷駐屯地でクーデターを促し、割腹自殺を遂げた「三島事件」が起こった年だ。

三島の作品を多く出版していた新潮社も蜂の巣をつついたような騒ぎとなり、翌年にかけて三島作品が飛ぶように売れた。矢彦さんはそのような時期に、校閲部員としての最初の一年間を過ごすことになった。

長野県出身の彼は、高校生の頃から『古事記』や『万葉集』を読むのが好きな青年だった。現代文と比べて古典の授業が楽しく、一方で理系の教科は大の苦手。物理や化学の時間になると、いつも薪ストーブの番をして過ごしていた、と笑う。

卒業した松本深志高校はバンカラの校風で知られ、零下一〇度の雪の日であっても下駄をはいていた。『古事記』や『万葉集』を小脇に抱え、真冬の雪の上を下駄で歩く男。それが彼だった。

大学では国文学を学ぼうと考え、國學院大学の文学部に入った。

学生時代に一度、角川書店で辞典編纂のアルバイトをした経験もあり、彼は何となく出版社で働くことを思い描くようになった。郷里の塩尻市（かつての筑摩郡）に筑摩書房を創業した古田晁がいたことも、出版業界に心惹かれた理由の一つだった。

「角川はあの頃ちょうど景気が悪くて新卒採用がなく、筑摩もまた同じような状況でした。ただ、筑摩書房については同郷の縁で、古田さんから直接連絡をいただいたんです。すると彼はこう言うんですよ。

「悪いが採用はできない。実はいま校正者が一人欲しいんだ。だが、校正という仕事――あれは大変に難しいから、経験者を採る。君のような新卒には無理なんだ。悪いな」

私はこのとき初めて「校正」という言葉を知ったんです。校正とは何ぞやと思ったのは、それが最初でした」

彼が新潮社校閲部の入社試験を受けたのはその後、困り果てて訪れた学生課に求人票がきていたからだった。

当時の就職活動では、応募資格のなかに「学長推薦」や「学部長推薦」が記載されていることがよくあった。推薦は「優」の数によって振り分けられる仕組みで、「カフカ全集」(可と不可ばかり)と自嘲していた成績では推薦を受けられなかった。

相談を受けた学生課の職員はしばらく思案すると、「新潮社は推薦が必要ないから、君がいま受けられるのはここしかないな。ここを受けなさい」と言った。

「そうですか……。分かりました」

そうして去ろうとした矢彦さんに、職員はこう続けた。

「良い会社だよ。家族的でね」

新潮社は当時から編集部門と校閲部門の試験が分かれていた。

例えば現在の試験問題は生原稿と活字で印刷されたゲラ刷りを引き合わせたり、ゲラ刷りのみの「素読み」で疑問点や誤りを指摘したりと、実際に校正の作業を行なうものだ。試験問題はそれぞれ小説とノンフィクションとが用意されている。加えて一般教養が出題される。矢彦さんの頃の試験には校正の実技はなく、学科は共通で作文の課題に文学系と言語系のものがあったという。

面接では当時の佐藤亮一社長から、次のように聞かれた。

「君、大江健三郎はどうかね」

ちょうど新潮社では数年前に大江健三郎の作品集を刊行しており、社長は大学生たちの評判を気にしているようだった。

役員のなかで一人だけ四〇代の彼は、全身に力を漲らせて鋭い視線を学生たちに向けていた。幸いにも矢彦さんはたまたま小説家志望の友人の家で作品を拾い読みしていたので、大江健三郎の作品について簡単に感想を述べることができた。

小説誌には「第三の新人」と呼ばれた遠藤周作や吉行淳之介、そして、その次の世代に当たる石原慎太郎や開高健といった名前が並んでいた。彼が佐藤氏からのこの質問をいまも印象的なものとして覚えているのは、「文学が売れた時代」の熱気をそこに感じ取ったからでもあった。

実際に新潮社に入社すると、文芸色の強い会社の雰囲気にしばらく圧倒された。

「とにかくベテランの編集者たちが怖くて」と矢彦さんは懐かしそうに言う。

「何しろ編集者は作家よりも偉いという感じでしたから。煙草のけむりが立ち込める編集部では、斎藤十一さんや野平健一さんといった作家以上に有名な編集者がいて、泣く子も黙るじゃないけれど、作家も黙るという人たちでした。彼らに育てられた編集者たちからは、みな文芸を仕事にしていることを誇りにしている気持ちが伝わってきましたよ」

彼らは小説家たちとの付き合いを何より大切にしており、本人もどことなく文学者のような風貌をしていた。そんな編集者たちは飲み屋に繰り出すと、夜中から朝まで作家論や文学論を闘わせていた。

「いまはもうそうした雰囲気はありませんが、あの時期に校閲部に入った私にとっては、出版社で働くことの一つの原風景になっています」

矢彦さんはそう振り返りながら、当時の会社は「学生課で聞いたように家族的で、家内手工業的でした」と言う。

特に小説誌は創業者の佐藤義亮氏の精神がまだ強く残っていたのか、「佐藤商店」の雰囲気が確かにあった。

経営陣は一人ひとりの社員に親しく接し、例えば彼が所属していた『小説新潮』の編集部では、特別号が出版された日に金一封が出た。それは専務のポケットマネーのようで、机の引き出しから札束が出されると、編集部員に配られるのだった。

「君たち、これで神楽坂に飲みに行ってきたまえ」

入社して日も浅い駆け出しの校閲部員にも金一封が振る舞われたことに彼は感激したものだ。

初任給が手取り三万八〇〇〇円だった時代。有り難く頂戴した五〇〇〇円札を握りしめ、仲間たちと酒を飲んだ。そんな日々を送るうちに、彼は徐々に新潮社という出版社に親しみを覚え、信頼をおくようになっていった。

校閲に重きを置く社風

現在、新潮社校閲部では新人社員の育成に一つの仕組みがある。

入社した新人校閲部員は多くの場合、まずは『新潮』や『小説新潮』に配属され、ベテランと相対して仕事を進めていく。

「一時期は編集部員にも校閲部へ来てもらって、校閲の勉強をさせようという時期もありました。でも、編集者をやろうと意気込んで入社した若者に校閲をやらせても、右も左も分からずにぼんやりしているだけで、かえってダメでした。むしろ編集をやってからの方がその重要性が理解できる。そんなわけで、新潮社でも編集者は編集者、校閲は校閲と役割が明確に分かれるようになっていったんです」

原稿の誤りの傾向やチェックすべき点には、前述のように一定のパターンがある。かつては生原稿のため書き間違いが多く、活版印刷の時代でもあったため、文選の段階で間違った字が拾われたり、活字そのものが不良品で文字がかすれていたりする箇所を指摘するのも重要な作業だった。ワープロが普及して以降は変換ミスを見つけるのにもコツがいるようになった。

新人の部員は一年間ほど先輩校閲部員の仕事を間近で見ることで、基本的な校正・校閲の技術を身に付けていくという。ただ、『新潮45』（二〇一五年二月号）の特集「「出版文化」こそ国の根幹である」のなかで、同社の常務取締役である石井昂氏が〈校閲者は入社後二〇年で一人前〉（「図書館の〝錦の御旗〟が出版社を潰す」より）と書いているくらいだから、それはその後の長い校閲部員としてのキャリアのほんの振り出しに過ぎない。

矢彦さんが入社した時代は、いまのような社員教育のシステムはまだなかった。校閲部は社屋の四階にあり、『芸術新潮』と『新潮』の編集部と同じフロアだった。部にはあらゆる事典類や辞書、年鑑の類が山のように積まれており、部員が黙々と原稿とゲラ刷りを引き合わせていた。

「校閲というものがどのような仕事かほとんど知らず、何の経験もなかった」

そう語る彼は入社してすぐに、『マッカーサーの日本』というタイトルの分厚いゲラ刷りを渡された。『週刊新潮』に連載された二段組み約四〇〇頁の単行本で、これを手始めに校正してみよとのことだった。

「でも、誰も仕事を教えてくれないのだから、すごい時代でした。だから、本来であればノートをとりながら事実関係をチェックしたり、年号を調べたりするわけですが、最初はどうしたらいいのかも分からず、ただただ眺めていたようなものでした。しばらくして部の進行係から「どのくらいまで進みました？」と聞かれ、「何をすればいいんですか」と聞き返す始末で……。結局、私が校閲の仕事を実践で学び始めたのは、『小説新潮』に異動してからでした」

いまから振り返るとき、矢彦さんは同じ校閲部の先輩社員というよりも、むしろ編集部にいた編集者たちに校閲の技術を教わったと続ける。

「というのも、私が入社した頃の小説誌の編集者は、担当作家の作品を自ら校閲していたんです。横で見ていると、最近のちょっとした校閲部員をはるかに凌ぐような校閲を、彼らはやっていたものです。私たちも編集者から「誰、これ読んだ人！」なんて叱られながらやっていた。校閲を重要なものであると考える人たちが、それだけ大勢いたわけです」

それにしても、そのような「校閲」に重きを置く社風は、そもそもどこからきたものなのだろうか。

石井昂氏も前述の同じ論考で〈校閲部は大部隊の社員を抱えている上に、外部の校閲者を動員して年間八億円もの経費がかかる〉と指摘している。なぜ同社は「校閲」という部門を、現在に至るまでそれほど大切にしてきたのだろう。

そう訊ねると、矢彦さんは言った。

「校閲部門を大きくして、ほとんど全ての出版物を自社の校閲者が見るというシステム。新潮社にその伝統があるのは、創業者の佐藤義亮自身が編集者であると同時に、かつて印刷所に勤めていた校正者だったからだ、と言われているんです」

文学で身を立てる

……新潮社の創業者・佐藤義亮は、日本の出版史における立志伝中の人物だ。

一八七八（明治一一）年、彼は秋田県仙北郡（現・仙北市）の角館町に生まれた。

『佐藤義亮伝』（村松梢風著）によると、実家はその極寒の町で荒物屋を営んでおり、父親の為吉は棚に並べている商品に『論語』からとった言葉を付けている変わり者。地元では珍しいほどの読書家だったという。

その父が購読していた新聞や仏教雑誌を読みながら育った佐藤義亮は、青年になるとともに文学を志すようになり、博文館発行の雑誌『筆戦場』への投稿を始める。そんななか、日清戦争が勃発。新聞や雑誌に掲載される著名な戦場特派員の原稿を読み、〈血なまぐさい戦場も一管の筆によつて人の心を躍らせ昂奮させる〉と知り、〈文学熱〉の昂ぶりを抑えきれずに学友の二人と一八歳で上京した。

初めの頃、新聞配達や牛乳配達で食いつないでいた彼はあるとき、市ヶ谷にあった秀英舎（現・大日本印刷）の印刷工場の入口に職工募集の貼り紙を見つけた。それは奇しくも秀英舎が自社初となる活字書体「秀英体」を開発中の頃のことだった。

当初、佐藤義亮が所属していたのは印刷部だった。重たい取っ手で印刷機を回す運転係やインキの樽洗いという仕事は〈牛馬に等しい仕事〉だったが、日給わずか一五銭の労働を終えると、彼は工場から神楽坂にある書店に向かい、本や雑誌を貪るように読んだ。〈いってみれば、そこが義亮の書斎だった〉のだ。

そんな彼に転機が訪れるのは、田岡嶺雲主幹の文学雑誌『青年文』に「佐藤橘香」

の名で投稿した一文が、投書欄のトップに掲載されたからだ。

彼はこのことを誰にも言わず、また、喜びを分かち合う友人もいなかったが、あるとき秀英舎の支配人に呼ばれたという。支配人の机には『青年文』が置かれていた。そのときの様子を『佐藤義亮伝』は次のように再現している。


「君は号を橘香というのかね？」

「はい」

「では、この青年文に掲載されている論文は君が書いたんだね？」

「そうです」

と、義亮は棒を呑んだように固くなってかすれ声で答えた。口の中には一滴の唾もなくなったような気がした。

「やっぱり君だったのか。名文だ。僕は感心しきったよ」

そういって、支配人は明るく微笑した。改めて「青年文」を手にとり、頁をめくりながら、君ほどの豊かな文藻のあるものを、最下級の職工で働かせておいたことは、僕の不明であったと支配人はいった。

佐藤義亮はその日のうちに校正係に異動となり、日給はたちまちに三〇銭になったという。

校正係になれば、作家たちの原稿を直接手で触れて読める。秋田の寒村から文学で身を立てようと夢見て上京した一〇代の青年にとって、それはどれほどの喜びだっただろうか。

義亮は長い間憧憬の的だつた尾崎紅葉、幸田露伴、山田美妙斎、斎藤緑雨をはじめ、文壇知名人の原稿を傍らにおいて、その作品の校正にあたっているうちに、次第に出版事業に興味を持つようになってきた。（中略）校正係をやっているうちに、自然と出版や印刷のことが分ってきたし、文壇の動きも分ってきた。そうなると、出版事業に異常な興味が湧いて、新文学勃興の機会に乗じて文学雑誌をやってみようと決心がついた。ここで初めて、義亮は確固たる生涯の目標を摑み得たのである。

（同書より）

彼はその後、〈焼き芋どころか、残飯で飢えをしのいだことさえあったらしい〉という倹約生活で資金を貯め、その熱意を見ていた下宿の主婦・秀英舎の印刷部長の妻からの援助によって雑誌『新声』を一九歳で立ち上げた。このとき牛込に間借りした六畳の部屋が、今日の新潮社の始まりとなった。

「要するに――」と矢彦さんは言う。

「佐藤義亮は文芸誌を立ち上げたとき、印刷所の出身だったからこそ、活字に対する異様なほどの情熱があったのでしょう。何しろ彼はその後も自ら朱筆をとって校正を長らくしてきたくらいですから。創業者自らが校正者であったことが、新潮社の伝統になったのだと思います」

思考の流れを感じる生原稿

矢彦さんは最初に『マッカーサーの日本』を校閲した単行本の部署に在籍した後、しばらくしてから前述のように『小説新潮』の校閲部員として本格的に経験を積んだ。

「小説誌を出せばばかばか売れる時代で、活気がありましたねえ」

司馬遼太郎、松本清張、黒岩重吾、水上勉、池波正太郎や五味康祐……雑誌に名を連ねる作家たちが書き下ろした原稿を、ゲラ刷りと読み比べる日々が続いた。

まだインクの匂いがするような原稿用紙を前に仕事をしていると、何とも言えない緊張感を覚えずにはいられなかった。

それは作家たちが手で書いた生原稿を前にした際ならではの臨場感だったのだ、と彼は思うことがある。作家たちの原稿を読んでいると、そこにはそれぞれの文字の形があり、筆圧の強弱を感じた。

「Aという文章に線が引かれ、Bという表現に直している。後の頁で同じ表現が出てきたら、著者はひょっとすると本当はBの表現をここでも使いたいのではないか、という思考の流れが分かるんです。昔はそうした手書きによる思考の足跡を読むことが大事だった」

いわば校閲の作業にとっての最大の資料が、彼らの生原稿だった。彼らの思考の流れを感じながら、自分も一緒になってその小説の世界に入っていくときの高揚感。

「あれは貴重な体験だったし、そのことが校閲者たちを育てていったところもあったと思います」

だからこそ、校閲部員として生きてきた彼の胸には、作家たちの様々な生原稿がいまも刻み付けられるように残っている。

例えば――柳生十兵衛などを描いた剣豪小説で知られ、太宰治と横綱・男女ノ川とともに「三鷹の三奇人」と呼ばれた五味康祐。

彼は原稿に直しを入れる際、普通であれば棒線を引いて欄外に訂正文を書くところを、別の原稿用紙に書き直して鋏で切り、糊付けをして完成原稿を工作のようにつくる人だった。さらに原稿には赤鉛筆と青鉛筆で「改行」「ツメ」といった細かな指定が書き加えられており、その丁寧さにはかつて印刷所で働いた経験が活かされているようだった。鋏と糊を傍らに原稿を書く姿を想像すると、校閲の作業にも自ずと力が入った。

池波正太郎の原稿もまた、赤鉛筆と青鉛筆が活用されて実に丁寧だった。

「あの人の原稿は最初のところに「ここは三行ドリ」と書けば、それですんでしまうような完成度でした。しかも早いんです。連載でも必ず一つ先のものを送ってくる。ストックが常にある状態で、仕事がしやすい人でした」

一方で大変だったのが松本清張や井上ひさしだった、と矢彦さんは言う。

井上ひさしは何より遅筆で、矢彦さんが『小説新潮』に在籍中は「また一行来ました」といった調子で編集者が印刷所へ入稿していくようなこともあったという。ただ、そのような入稿方法が可能だったのは、原稿の内容に間違いがなく、字も丁寧だったからだ。なかには書道の連綿体と同様にほとんどの字が繋がっているような作家、社内でも一部の部員しか解読できない悪筆の作家もおり、そんな芸当がそもそも不可能な場合も多かった。

「遅いと言えば、松本清張さんは遅い上に意外と原稿に誤りがあって、苦しい仕事になる局面がありましたね。意外だと思われるかもしれませんが、清張さんは東西南北と時間的な記述が大まかで、そこをしっかりと読んでおかないといけない。だから、私はあの人が『ゼロの焦点』を書いたとは未だに信じられないんです。本人は誤りを指摘しても「そうかそうか、直してくれたまえ」ですから、大らかな人でした」

そして、最後に彼の印象に強く残っているのが司馬遼太郎の原稿だ。

司馬遼太郎の原稿は七色に彩られていた。内容はほぼ間違いのない緻密さだったものの、原稿用紙にはびっしりと直しがいつも入っていた。そのやり方が興味深かった。彼は原稿用紙の中ほどに本文を書き、あらかじめ確保しておいた欄外の余白に直しを記入していた。その際に赤や青だけではなく、緑やピンク、紫のペンが使用されているので、原稿用紙は「まるで女の子の手紙」のようにカラフルだった。

「その原稿の字数を編集者が一生懸命に計算すると、だいたい一枚分の四〇〇字になっているんですよ。すごい特技でした。いったいこの人の頭の中はどうなっているんだろうと思いました――」

そうした個性的な作家たちと原稿を通してやり取りをするうちに、矢彦さんは校閲部員としてのやりがいや高い職業意識を得ていった。

　編集者と同時に校閲部員もまた、作家の原稿を最初に読む読者であり、重い責任がある。しかも世の中に原稿を送り出す側にいる編集者に対して、校閲部員は読者の側に立って原稿を読むという重大な役割を担っているのだ、と。

「これは物事を知っていないと書き手に負けるな、と感じました。ゲラを通した闘いというのかな。あの人たちが分からないようなことを、こっちから指摘してやろう。そんな思いが湧いてきたんです」

　誰もが真剣に作品を世に送り出そうとしていた。

　作家が書き、編集者と校閲者が読み、そこで生まれる疑問に作家が答える。それは著者のためであると同時に、何よりも読者のための仕事である。彼は校閲を仕事とする者として、そのように自負するようになっていったのだ。

　以来、四〇年以上にわたるキャリアのなかで、彼は『週刊新潮』や単行本、文庫と担当部署を渡り歩き、最後は新潮社校閲部の部長を務めた。

　そして、いまもなお外部の校閲者として仕事を続ける彼は、その日々を振り返って言うのだった。

「出版業界には、非生産部門である校閲部門を縮小しようという流れがあります。でもね、僕は校閲部こそが出版社の良心だと思っています。ネットがあって、あらゆる人が文章を書くようになったからこそ、その社会的な意味は増しているのではないでしょうか」

校閲は出版社の価値であり、良心である——。

矢彦さんはそう言うと、酒の入ったグラスに口を付けた。

校閲一筋、四〇年——それが彼のたどり着いた結論である。

第五章　すべての本は紙だった

工業製品としての本

潮風が途切れることなく吹いている。肌を刺すような冬の太平洋の冷たい風に、パルプをつくる匂いが入り混じっていた。

雪が点々と残る構内の発電施設から、白い水蒸気が吐き出されている。空高く舞い上がった水蒸気は、見上げると薄い曇り空へと溶け込むように消えていた。

その高さ六〇メートルのペンシル型ロケットの形をした塔の上からは、八戸市の臨海工業地帯を一望することができた。

塔は彼らが連続蒸解釜と呼ぶもので、眼下に広がる四五万坪の敷地には三菱製紙工場の多様な工場設備が建ち並んでいる。

製紙工場の設備というのは何もかもが巨大だ。

オーストラリアからやってきた巨大なバラ積み船、運び込まれた石炭が山となって眠るドーム状の倉庫。敷地には木材チップが同じく山のように積まれ、ベルトコンベアで蒸解釜に入れられていく。

その先の建屋内では轟音を立てて抄紙機が回り、パルプの溶かされた水が凄まじい速さで流れているはずだった。一連の工程は構内で一つの流れとしてつながっており、巻き取られた紙のロールは規則正しく動くカッターで切断され、トラックなどで全国へと出荷されていくのだ。

ぼくが立っている蒸解釜の「蒸解」とは、紙の原料となるパルプをつくるための最初の工程のことだ。

木材チップは主にユーカリを細かく砕いたもので、まずはこの釜の頂部に注ぎこまれた後、苛性ソーダや硫黄化合物などの蒸解薬液で煮詰められながら、五時間かけてゆっくりと下まで降りていく。

紙というのは水に浸した植物の繊維を叩き、それを抄いて乾かしてつくる。木材チップから余分な樹脂を溶かして取り除き、繊維分だけとなり漂白されたパルプが、いまぼくらが読んでいる本や雑誌の紙の原料になる。

それにしてもこうして製紙工場の大きな設備群を一望していると、一冊の本というものが大量生産の重厚長大なシステムのなかから、一滴ずつ搾り出される雫のような、紛れもない工業製品であることを実感する。

例えば学生時代に読んだ大切な小説、幼い子供たちが大切そうに抱きかかえて寝室に持ってくる絵本、自分が少年だった頃から実家の本棚に挿したままの、だけど決して捨てようとは思わない風景の一部となったある大家の全集（それは死んだ父親が古本屋で買い求めたものだ）。ぼくはそれらを手に取るとき、一冊一冊の思い出深い歴史を辿っていった先に、オーストラリアやチリで伐り出されたユーカリの木や、巨大なバラ積み船に積まれた石炭や、熱と湿気が充満した建屋で稼働する抄紙機があることを、あるときまで想像したことがなかった。

「紙」はいまの時代を生きる人にとって、あまりに「あって当たり前のもの」だ。だが、その「あって当たり前のもの」である紙がつくられる現場にもまた、様々な人たちの本に対する深い思いが込められている――。

ぼくがそのことをはっきりと自覚したのは、東日本大震災のあった二〇一一（平成二三）年の秋、初めてこの三菱製紙八戸工場を訪れたときだった。

当時、ぼくは『復興の書店』という本を書くために、東北で被災した書店の取材を続けていた。津波でほとんどの商品を流されてなお、本を届けようとした書店員たち。地元の新聞記者や小さな出版社の経営者。様々な立場で被災地に本を届けようとした人たちの話を聞くうちに、製紙工場の被災と復旧がいかにして行なわれたかに興味を抱いた。

震災はぼくらが当然のように使っている多くの「もの」の一つひとつが、普段はほとんど意識しないインフラのなかから生み出されることを浮かび上がらせた。「紙」もまたその一つだった。

東北で造られてきた書籍用紙

日本で読まれている書籍の用紙は、東北、特に津波被害の大きかった三陸沿岸と深い縁で結ばれている。後に佐々涼子著『紙つなげ！　彼らが本の紙を造っている』で描かれた石巻市の日本製紙石巻工場、そして、この三菱製紙八戸工場で書籍に使われる上質紙、雑誌のグラビアや広告用のコート紙の多くが生産されているからだ。なかには個々の工場でしか生産されていない代替不可能な製品もある。そのため、震災当初は編集者や出版社の資材担当者のあいだで、本や雑誌をつくるための紙の不足を危惧する声がよく聞かれたものだった。

そんななか、三方から津波にのまれた日本製紙石巻工場は、約二〇軒の住宅が構内に流れ込む被害を受け、震災後の抄紙機の復旧に一年の時間を要した。

臨海工業地帯に位置する三菱製紙八戸工場でもまた、当初は「この工場はもう終わりだ」と近くの高台に避難した社員が思わず呟くほど甚大な被害が生じた。

海面から八・四メートルの高さの津波に襲われた工場には、ウッドチップや紙のロール、板紙、乗用車や貨車が建屋の内外に散乱し、魚が至る所に打ち上げられていた。津波が去った後、抄紙機は沈黙し、いつもは活気ある騒音が響き渡る建屋はひっそりと静まり返った。

だが、八戸工場は震災からわずか二カ月半で、一台の抄紙機を稼働させるに至る。その経緯を取材した際にとりわけいまも胸に残っているのは、工場で働く社員たちが一様に語った、一カ月ぶりに自家発電設備を動かした日の光景だった。

工場が吐く息

三交代制で約二〇〇〇名の従業員が働く八戸工場は、地元の人々にとって大切な雇用の場だ。

工場の操業が開始されたのは一九六七（昭和四二）年。八戸市の誘致企業第一号として、最初は二台の抄紙機からスタートした。

もともと八戸には砂鉄鋼やセメントの産業があったが、文化や技術の香りが漂う

「紙」の生産には地元からの大きな期待がかかっていた。

臨海工業地帯は「八戸のシベリア」とさえ呼ばれる厳しい環境の土地で、冬の寒さは言うに及ばず、春になっても海風に雪交じりの砂埃が舞い、溶けた凍土の泥濘が工事を妨げた。

街には工事を担う大勢の工員が寝泊まりする十分な宿泊施設がなかったので、用地内の海岸に「チロリン村」とみなが呼ぶ仮設住宅が設置された。それは〈風が吹けば砂が部屋じゅうに吹き込み、雨が降ればトタン屋根の音で眠れない代物〉という粗末なものだったが、〈海辺には月見草が咲き乱れ、沖に無数のイカつり船の漁火が波間に見え隠れする風情は、スタッフの気持ちをなごませ、夜、酒をくみかわしながら八戸の明日を語りあったことも忘れられない〉と同社の社史は伝えている。

そして二年間にわたる難工事によって完成した工場は、その後の約半世紀のあいだに規模を拡大し、いまでは七台の抄紙機を持つ巨大工場として地元の雇用を支えているのだった。

工場の操業以来、自家発電機は一年のうち数日の定期点検の日を除き、火を絶やしたことがなかった。だからこそ震災以後、煙突から立ち上る白い蒸気が一カ月近くにわたって止まったことは、そこで働く人々や周囲の住民に工場の死を思わせた。

ボイラーと発電機が起動された二〇一一年四月四日、工場の西南にある煙突から蒸気が出始めたとき、構内にいた人々はふと作業の手を止めて空を見上げたという。

「それは、まるで復興の狼煙のように見えた」

と、現場にいた社員の一人は当時の気持ちを語っている。

高台の社宅からバスに乗って工場へ向かう交代要員のなかには、ゆるゆると上昇するあの蒸気を見て、思わず涙ぐむ者もいた。

「工場を何とかするんだ」

このとき彼らの胸裡には、もはや「この工場はもう終わりだ」という気持ちは微塵もなかった。

八戸工場で最初の抄紙機が動き始めたのは五月二四日。ガラス張りの操作室でスイッチが押されると、抄紙機の回転数が少しずつ上昇していった。

彼らは息をのんでその様子を見つめ、次にいっせいにお互いを労った。

真っ白なパルプが勢いよく流れ始める様子は、眠りから覚めた機械が彼らを祝福しているかのように見えたそうだ。

――それから四年の歳月が過ぎ去り、ぼくは蒸解釜の上から再び工場を見ているのだった。

当時出会った工場の人々の言葉を思い出しながら、自分の「本」に対する思いというものが、この場所に来て確かに以前とは別のものへと変わったのだと、あらためて気づかされた気がした。

ぼくは三陸沿岸を津波が襲った震災以来、そして、その震災に立ち向かった彼らの話を聞いてからというもの、書店で一冊の新刊書を買い求めるようなとき、この紙はどこからきたのだろうかと、東北の被災地に思いを馳せるようになった。

意識してみれば、本の紙には本当に様々な種類がある。

手触りの滑らかさ、ページをめくる際のしなやかさ、彼らが「赤み」や「青み」といった言葉で表現する色合い。「くすみ感」を敢えて出している商品もあれば、すっきりとした上品さを前面に押し出したものもある。厚さや硬さも数多くのパターンが用意されている。

「読者の方々はその本の中身を買っているわけで、書店で紙を買っているという意識はないでしょう。でも、彼らはみんな僕らがつくった紙を見ているんです」

工場を案内してくれた同社洋紙事業部の中村禎男さんが言った。

紙は木材チップからつくったパルプを抄き、水分を抜いて繊維を薄い一枚の板に変

八戸工場内の風景（編集部撮影）

えた素朴な素材だ。

だが、ひとたび何かが印刷されると、紙には多様な価値が生み出され、製本されれば一冊の本へと変わる。書くことが本に命を吹き込もうとする行為だとすれば、紙はその命を生むための土台だ。そして、何も書かれていない分厚い見本帳の一枚一枚に開発者たちのドラマがある。

その紙の現場で働く人々は、どのような思いをこの素朴な商品に込めてきたのだろうか。

四年ぶりに八戸工場を再び訪れたぼくは、本と自分とのつながりの形を変えた東北での縁を頼りに、彼らの話をあらためて聞きたいと思った。

書籍用紙の革命

創業から一二〇年近くが経つ三菱製紙の歴史は、神戸の三宮で製紙業を営んでいたアメリカ人・ウォルシュ兄弟の会社を、三菱財閥三代目総帥の岩崎久弥が買い取ったことに始まる。

ウォルシュ兄弟はアフリカからインド、そして上海へと渡った貿易商で、日米修好通商条約の締結とともに長崎に来日した人物だった。

紙の原料は古来、人が着古したボロ布を使用してきた。だが、ヨーロッパでは紙の需要の増加とともにボロ布が不足しており、木綿の着物を着る日本人に目を付けたのが彼らの事業の始まりだったという。

その際、資金難に陥ったウォルシュ兄弟を援助し、ヨーロッパ製の抄紙機の輸入に一役買ったのが岩崎久弥の父、三菱財閥創始者の弥太郎だった。同社がスリーダイヤを冠する企業になった背景には、明治期の実業家と世界を飛び回った野心的な貿易商のそんな出会いがあったのである。

こうして始まった三菱製紙の長い歴史をひもとくとき——そこには紙をめぐる様々な逸話があるのだけれど——まずぼくが伝え残しておきたいと思ったのは、日本の書籍用紙に革新をもたらした一つの研究と、その研究に一〇年以上の歳月を捧げた一人の技術者についてだった。一九八〇年代初頭、同社が製紙会社のなかで先駆けて行なった、書籍用紙を「酸性紙」から「中性紙」へと転換する事業のことである。

かつて本には物理的な寿命、それもわずか数十年という寿命があった、と言えば意外に思われるかもしれない。

しかし二〇世紀中ごろの欧米では、図書館に収められた本が一斉に黄ばんで劣化し、ついには端からボロボロと崩れていくことが社会問題化されていた。

三菱製紙の社史によると、問題が発覚した当時、フランス国立図書館に所蔵された一〇〇〇万冊のうち、紙が劣化して文字を読み取れなくなった本が六七万冊あり、ある雑誌はこの謎の紙劣化現象を「世界の記憶を少しずつ蝕んでゆく病患」と呼んだ。

アメリカの図書館ではさらに事態が深刻だった。

同国では六〇〇〇万冊（蔵書の三分の二）に劣化が認められ、二〇〇〇万冊については〈読むこともコピーをとることも不可能な状態〉だった。そうした本の紙は弾力がなく、少しでも強く触ると枯葉のように欠けてしまった。

それにしても、なぜ本がこのように劣化してしまったのか。

不思議なのは、一九世紀後半以降に製本された作品の一群に、激しい傷みが集中していたことだ。それよりも古い時代のデカルトやモンテーニュの著作が無事なのに対し、ユゴーやプルーストの一連の著作はぼろぼろに崩れている――というように。

この理由を専門家たちが調査したところ、原因は紙の製造に使用される酸性物質、硫酸バンドという成分にあることが分かってきた。

紙を「酸性」にしていた硫酸バンドは、製紙業にとって非常に使い勝手の良い素材だった。

印刷用紙はインクの滲みを防ぐため、ロジン（松脂のこと。サイズ剤と呼ばれる）を紙に定着させる製造工程がある。

硫酸バンドはロジンの定着剤として使いやすく、また、パルプに含まれる汚れを吸着する効果もあった。安価で紙の質も良くなるため、一九世紀中ごろから世界の製紙業にとって欠かせない物質として普及したのである。

ところがそれから一世紀という時間を経て、硫酸バンドはこれまでの便利さの代償を支払わせるかのように、本を著しく劣化させ始めた。酸化によって紙の繊維が切れ、強度がなくなるという事態を招いたのである。

この物質の有無が時代による紙の劣化の差を生みだしていたため、日本でも欧米に遅れること二〇年、一九〇〇年前後に出版された本と戦中・戦後の物資難の時代の本の傷みが次第に目立ち始めた。よって国立国会図書館を中心に、「酸性紙問題」は国内でも議論されるようになっていく。

酸性紙の問題を解決するのは、理屈の上では簡単だ。硫酸バンドを工程から取り除き、代替する機能を持つ別の酸性ではない物質へと入れ替えればいい。

だが、言うは易く行なうは難し。八戸工場と中央研究所では新たな書籍用紙の開発が始まったものの、製品化には一〇年以上の歳月がかけられることになるのである。

製品としての紙をつくる難しさ

現在、三菱製紙の嘱託を務める元執行役員の日比野良彦さんは、八戸工場と中央研究所で紙の中性紙化の研究を担った中心的な人物だ。

一見するとおっとりとした雰囲気の彼は——製紙業界の人々は押しなべてそうだが——紙について語り始めると、途端に身を乗り出して当時を振り返ってくれた。その口調は熱っぽく、紙という製品への愛着が伝わってくるかのようだった。

「あの頃の私は入社したばかりで、八戸工場の技術部に配属された若手の技術者でしてね——」

同社には主力工場である八戸工場の他に、東京都葛飾区の中川工場（現在は閉鎖）、兵庫県高砂市の高砂工場などの紙の生産拠点があった。

ある日、課長に呼ばれて行くと、印刷用紙を生産する八戸、なかでも書籍用紙の製造拠点である中川工場の紙を中性紙化するプロジェクトが始まる、と言う。

「おまえがそれをやれ」

ぶっきらぼうにこう言われたとき、まだ入社二年目だった彼は、会社員として大きなチャンスをもらったように感じたものだったと話す。

しかし、紙の中性紙化の実現は多くの同僚が不可能だと考えるものであり、一筋縄ではいかない難しい課題であることを彼も理解していた。

少量で構わないのであれば、中性紙をつくるのはそれほど難しくはない。例えば和紙に書かれた文字は、一〇〇〇年経っても読める状態で保存されている。楮や三椏、トロロアオイといった植物を原料とする和紙には、紙を劣化させる酸性物質が含まれていないからだ。

ただ、製紙業とは大型の機械を用いて、大量生産を行なう重厚長大な産業だ。そこでは製品の安定供給という操業性の高さが第一に求められる。もとより価格の安い製品である。歩留まりの高さは何よりも重要で、長い工程の途中で少しでも汚れが混入してはならないし、オフセット印刷の輪転機での高速印刷にも耐えうる強度も必要だ。なおかつ本としての上質な手触りやめくりやすさも兼ね備えていなければならない。

他社でも中性紙の研究は進められていたものの、それらの条件を全て印刷用紙に持たせるのは至難の業だった。

「しかし、私たちの会社は昔から出版社さんの書籍用紙の比率が大きいわけです。チラシや新聞なら劣化しても構わないかもしれませんが、やはり本となるとそうはいきません。ビジネスとしても中性紙を開発できれば先行開発のメリットがありますし、成功させればお客様に必ず喜んでもらえるという思いがありました」

以来、彼は八戸工場の一角にある研究室にこもり、何千、何万というパターンの化学物質を配合しては、試作品をつくる日々を送ることになった。

「最初は孤独な作業でした」

と、彼は言う。

「紙の中性紙化と言ったって、そんなのできっこない。それが周囲の共通した意見でしたから。何しろ硫酸バンドに替わる素材はまだ分からず、薬品の配合のやり方も私たちは全く知らなかった。たとえ使用する物質が決まっても、それら一つひとつの薬品を一からつくり、際限なく組み合わせを試していかなければならないのです」

でも――と彼は少し不敵に微笑んで続けるのだった。

「あの頃はまだ若かったので、私はその困難さを楽しむことができたんですよ」

抄紙機に流れる中性紙

日比野さんらの研究グループは、酸性紙問題について数年早く研究を始めたアメリカの製紙業界を視察し、中性紙をつくるための最先端の研究についてまず学んだ。

そのなかで浮かび上がってきたのは、硫酸バンドを使用しない新たなサイズ剤（アルキルケテンダイマー＝ＡＫＤという。従来のロジンは酸性でなければ定着しないため、硫酸バンドを使用しなければ自ずと利用できなくなる）をいかに使いこなすか、という課題だった。

また、アルカリ性で紙に白さや柔らかさ、不透明性を与える材料として、彼らは炭酸カルシウムに注目した。炭酸カルシウムは日本国内でも調達できる原材料であり、価格も安い。これをベースに薬品を一つひとつ調合することで、中性紙の量産化を目指す方針を立てたのだった。

紙に使われる薬品はサイズ剤の他にも紙力増強剤や凝集剤、歩留まり剤などがあり、それらの組み合わせを探す作業は、無数に散らばるピースを一つひとつ手で確かめながら、巨大なパズルを組み立てるようなものだ。

パルプに混ぜ込まれる薬品は「スラリー」と呼ばれる。日比野さんはこのスラリーの調合が終わる度に、研究室の机にある手漉きの機械で紙を漉いた。

そして、乾燥させてできた紙の手触りや強度を確かめる度に、「これではダメだ」と再びビーカーを手に取り、次の試作を再び初めからやり直した。

「繊維に〝ひげ〟をたくさんつけて強度を良くすると、水持ちも同時に良くなってしまう。すると乾燥時間が延び、生産性が極端に落ちる。だからといって乾燥の速さを重視すると、今度は強度が弱くなる。この適切なバランスを見つけ出すだけでも、膨大な時間がかかりました。また、本の紙は真っ白ではなく、黄みや赤みが着いています。手漉きでは一度で色を着けられないので、漉いては水を抜き、水を溜めてはまた漉く作業を一〇回は繰り返して、やっと一つの試作品ができるという具合なんです」

試作品を量産用の抄紙機で「試し抄き」するには、一度につき数百万円単位の経費がかかる。良い仕上がりだと思われるものができた際、彼は上司に報告して抄紙機でテストを行なった。

緊張と不安を胸に抱きながらボタンを押すと、白いパルプが勢いよく流れていく。

だが、ときには想定していた強度が出せておらず、つながるはずの紙が途中で切れてしまうこともあった。

「こんな配合で紙がつくれるか！」

熱気に包まれた抄紙機の前で熟練のオペレーターにそう怒鳴られると、彼は再び研究室に戻ってビーカーを振った――。

「量産間近までいった試作品が最後の最後にやり直しになるようなとき、もうダメだという思いにかられたものです。でも、やるしかない。そう思い直して、また配合検討に戻る。何度、それを繰り返したか分かりません」

そうした日々を送ること三年、彼がついに中性紙の開発に成功したのは一九八二（昭和五七）年のことだった。

八戸工場にある最も小さな二号抄紙機で量産テストは行なわれた。

抄紙機の前には工場長以下工場幹部が立ち会い、十分に暖機された機械にパルプが流し込まれる様子を見守っていた。

丸められた絨毯が一気に広げられるように、抄紙機に白い流れが現れる。その瞬間、「おお」というどよめきが起こったのを、日比野さんはいまも忘れられない。

「あの配合で本当に紙がつながったよ！」

工場幹部や技術者たちが口々に言った。

その日、まだ温かい熱を帯びた紙に触れたとき、日比野さんは思わず涙が出そうになったと話す。その気持ちはそれから三〇年近くが経ち、津波による抄紙機の復旧を間近で見た彼らの紙に対する情熱とも、遠くでつながっているものだろう。

三菱製紙では以後、四年間かけて全ての抄紙機を中性紙の生産に切り替えた。初めて彼らの中性紙を使って書籍を出版したのは八木書店で、岩波書店や小学館がそれに続いた。

〈長持ちする本、店頭に〉

新聞はそう書いて研究の成功を紹介した。

これにより、これまで数十年という時間で劣化していた日本の本は、初めて三〇〇年から五〇〇年という品質が保証された製品となったのである。

中川工場の思い出

さて、三菱製紙の書籍用紙は現在、八戸工場の二号・七号抄紙機で生産されている。しかし、かつて同社の書籍用紙の生産を長らく担ってきたのは、前述のように東京都葛飾区にあった中川工場だった。

次にその中川工場の世界と八戸への機能移転の責任者となった技術者のことを紹介

したいのだが、その前にまず、なぜ神戸で設立された三菱製紙が、東京の葛飾区で書籍用紙をつくるようになったのか。その時代背景をざっと説明しておきたい。

――三菱製紙が製造し始めた書籍用紙にとって大きな取引となったのは、一九一七（大正六）年に岩波書店から出版された夏目漱石全集に採用されたことだった。

いまぼくらが手に取る製本された本は、言うまでもなくヨーロッパ発祥のものだ。製紙技術も然りで、明治期からの日本の近代化の過程において、本に使用された紙は輸入紙だった。

だが、第一次世界大戦の好景気を背景に日本では洋紙の需要が増大、一方で生産地のヨーロッパでは生産減が行なわれたため、紙の価格が高騰する。そんななか、欧米への技術者の派遣、研究所や技能工の育成学校の設立など、書籍への使用に耐えうる上級紙の国産化を急いだのが、当時国内トップシェアを誇った三菱製紙だった。

同社は上級紙の開発のために、必要な顔料や化学薬品を製造する子会社を設立。矢継ぎ早に新製品を開発し、一九一四（大正三）年からの一〇年間で売り上げを五倍に伸ばした。自社製の上質紙「白菱」の漱石全集への採用は、この時期の彼らの勢いを物語る成果の一つだった。

当初、白菱は高砂工場で生産されていたが、急速な生産拡大のなかで新しい工場の建設は急務だった。そこで工場の立地場所として彼らが目を付けたのが、柴又帝釈天の近くの田園地帯だった。

東京都東部の自然豊かなこの地帯であれば、江戸川の水を取水でき、川の舟運も活用できるメリットがある。そうして一九一七年に操業が開始された中川工場は、従業員の技術の向上にあわせてより上質な商品の生産に移行し、数年後には「白菱」「金菱」といった書籍用紙の一大生産拠点へと育っていくのである——。

同社でキャリアを積んできた古参の社員は、そのような歴史を持つ「中川工場」や「三菱の中川」という言葉の響きに、郷愁のような気持ちを覚えるはずだ。

八戸工場の製造部長（現・技術部長）を務め、中川工場の八戸への移管プロジェクトの技術担当者だった信田博司さんもその一人である。

「中川は厳しい工場でしたよ」

坊主頭で、熟練エンジニアの雰囲気が漂う彼は言う。

「とにかく中川という職場は職人気質でしてね。何とも言えない不思議な和気藹々とした雰囲気があって、いまでも思い出すと何とも懐かしい思いがするんです」

中川工場は八戸工場と異なり、構内にパルプ製造設備を持たない製紙工場だった。

そのため岩手県北上市にある北上工場（現・北上ハイテクペーパー）で製造したパルプ

に輸入パルプを混ぜ、その配合を変えることで出版社からの様々な要望に応えていた。

一九八七（昭和六二）年の入社以来、信田さんは不織布（繊維を織らずに重ね合わせたもの）を製造する部署にいたが、同じ工場内で書籍用紙をつくる職工たちの姿は鮮烈なものとして心に残っている。

色違いを起こさない職人の技

工場での工程がコンピュータ管理されていなかった時代、彼らの技術は書籍用紙をつくる上で欠かせないものだった。とりわけ目を見張ったのは、紙に色を着ける際の手腕の見事さだ。

紙の色を調整するその作業を「調色」という。

従来、紙には主に蛍光染料とブルーイング用染料を用いて色を着ける。ただ、書籍用紙は他の紙製品とは異なり、黄色やオレンジ、ときにはくすみ感を出すために茶色や黒色の染料を使用する必要がある。

かつての製紙工場はいまのような連続工程ではなく、抄紙機に流し込む前にパルプを一度プールに溜め込み、染料を人の手で入れて色を着けていた。そこで力を発揮するのが、熟練の技を持つ職工たちだった。信田さんのような技術者から見ても、その様子はまさに職人技としか言いようのないものだった。

彼らはパルプの溜められたタンクからすくい上げた原料水を、適当な強さで搾っては団子状に丸めて並べていた。そうして乾いたパルプの団子の列の色合いを比べながら、自らの感覚だけを頼りに染料を添加していくのである。もし添加する分量を少しでも誤れば、プール一杯分のパルプが無駄になってしまう。

年配の職工は信田さんにこう胸を張ったものだった。

「俺は一度も色違いを出したことがねェんだ」

彼がこの技術に驚くのは、紙の色というものが、パルプに加える染料の分量が同じであれば同じ色になる、という単純なものではないからだ。

「紙は生きものですから、温度や湿度、その日の抄紙機のコンディションなど様々な条件で仕上がりが変化します。それを当時はパルプを手づかみした団子だけでやっていたのだから、これぱかりは彼らにしかできなかった」

当時、二〇代の新人エンジニアだった信田さんは、紙をめぐるそうした職工たちの世界に確かに触れたのである。

よい紙とは何か

一九一七（大正六）年から八六年間にわたって書籍用紙を生産し続けてきた中川工場が、その役割を終えたのは二〇〇三年三月のことだ。

パルプ製造設備を持たない中川工場では製造コストが高く、収益性が低かったこと、また、製紙ビジネスにとって書籍用紙の割合が以前より低下し、出版不況でさらにその需要減が見込まれることなどがその理由だった。それにともなって中川工場の敷地の売却が決まった。

書籍用紙の製造は、八戸工場で行なわれることが決定された。

紙の生産を他の工場へ移す作業を彼らは「転抄」と呼ぶ。

この転抄の仕事を任されたのが、当時、すでに八戸工場の技術部へ異動していた信田さんだった。そして、彼はこの八戸への転抄を通して、中川工場の職工たちの技術をあらためて知ることになった。

まず学ぶ必要があったのは、顧客にとっての「良い紙」とは何かを知ることだ。

嗜好品である書籍に使われる紙は、版元や出版される本の内容、形態によって求められる質感が異なる。文庫のレーベルや小説、ノンフィクション、ライトノベル、学術書と使用される紙の傾向は様々だ。文庫ごとに紙の色も黄色が強いもの、赤みが強いものと色合いも異なるし、村上春樹著『海辺のカフカ』などがそうであったように、初版部数が数十万部クラスの本ともなれば、特注の紙が新たに開発される場合もある。

面の触り心地、厚さ、色合い。それぞれに流行があり、例えば近年では本を厚く見せられる「嵩高」の商品が好まれる。ページ数が少なくても本を立派に見せることができ、それだけ定価を高く設定しやすいためだ。出版社や読者の好みの変化に常に対応する必要があるわけだ。

中川工場では経験豊かな職工たちがその流行に合わせた商品を、原材料であるパルプの種類や抄紙機をコントロールしてつくり上げていたが、今度はパルプ製造から抄紙機までが一連の工程として連なる八戸工場で、彼らの技を再現しなければならない。信田さんは以後、その仕事に没頭した。

「最初につくってみた紙は、少し触っただけでもパリパリの有り様でね。「こんなもの書籍用紙とは言えない」と言われたものですよ」

と、彼はいまでこそ笑う。

抄紙機の技術標準書には、書籍用紙のラインアップごとのつくり方、薬剤の配分量などが当然記されている。ところが、実際の工程では抄紙機の癖を知り抜いた職人が、機械を繊細にコントロールしており、決められた数値通りに紙をつくってみても中川工場のものとは全く別のものになってしまうのだ。

「測定値の数値では良い結果が出ているのに、触ると柔らかさも強さも足りない。版元さんにとって重要なのは数値ではなく、触って「この紙いいね」と思えるかどうか。八戸工場の抄紙機の方が新しくて優秀だけれど、実際には機械では測れない項目がこれほどたくさんあるのかという思いでした」

信田さんは抄紙機の設定を変え、紙を抄いては再び設定を変えることを繰り返した。それは中性紙を開発した日比野さんがそうであったように、紙にかかわる技術者が一度は必ず通る道だった。

技術の力が過去を乗り越える

そんな彼がいまも決して忘れられない思い出として語るのは、転抄が完了してしばらくしてからの次のようなエピソードだ。

八戸工場で書籍用紙が生産されるようになってからも、「三菱の中川」の時代を知る出版社の担当者には、「紙の質が落ちた」と漏らす人が多かったという。八戸の製品はすでに中川と同等の水準にあるはずだったが、以前のイメージというものは美化されるものだ。そうした声を乗り越えるためには、「中川を超える質感」を彼らに何らかの形で示す必要があるのも事実だった。

そこで信田さんはページのめくりやすさにこだわって紙を改良することにした。

紙には縦目や横目といった繊維の向きがある。本来、その縦横の比率は一対一が理想だが、ここでも書籍用紙は例外的な商品だ。製本された本は指で横方向にめくられるため、繊維が縦に並んでいた方が指先に引っかかり、ページがめくりやすいからである。

「抄紙機を使いこなすことによって、この繊維の方向も多少の調整が可能なんです。それで八戸の紙は中川のものより、縦方向に並ぶ繊維の割合を高めるようにした。紙をめくるときの柔らかさは、八戸の方が勝っているはずです」

ある日のこと。取引先の老舗出版社の編集者が工場に来た際、「やはり中川の方が良かったね」と感想を口にした。信田さんは「ちょっと待ってください」とここぞとばかりに言ったと振り返る。

「いま、ここに中川でつくっていたのと同じ紙があります。どちらが柔らかい良い紙か触ってみてください」

どちらの工場でつくられたか、一目ではわからない二つの書籍用紙。その手触りを何度か確かめた後、編集者が選んだのは八戸工場の製品だった。

「これが技術ですから」

こう胸を張って言ったとき、二年間をかけて転抄を行なった日々が、ようやく報われたという思いが信田さんにある。

それから一〇年以上の月日が経ち、いまでは紙にそこまでのこだわりを見せる編集者も少なくなった。

「昔はお金をどれだけ出しても、絶対にこれが欲しいという要望があって、僕らもその要望に応えようと必死に紙をつくった。最近はベストバイからベストチョイス、すでにある製品のなかから選ぶことが多くなったと思います」

しかし、だからこそと彼は言う。

目標は高く――。

そう語る信田さんのような存在は、紙の本を価値あるものにし続けるための砦の一つであるに違いない。

第六章　装幀は細部に宿る

細やかな遊び心がある「漱石本」

机に並べられた数冊のなかから一冊を手に取ると、日下潤一さんは真剣な表情で表紙に顔を近づけ、さっと裏返して背表紙をじっくり見つめてから、再び表紙に目を凝らした。

それから、彼は感嘆するような軽い溜息をつく。

こんなふうに本を丁寧に、また、愛おしそうに見る人をぼくは知らない。あるいは装幀家と呼ばれる人々は、誰もがこのように本と接するものなのだろうか――。

場所は横浜市の「港の見える丘公園」内にある神奈川近代文学館。

ブックデザイナーである彼が手にしているのは、好事家のあいだで「漱石本」と呼ばれる夏目漱石の一連の作品だった。

タイトルを朱色で印刷し、ユーモアあふれる猫のイラストがちりばめられた『吾輩ハ猫デアル』、「空押し」という技術で描かれた花模様が美しい『鶉籠』、黄色と赤の花に青い鳥が止まり、背文字のタイトルに金箔押しが施された『道草』や、花に囲まれた女性が中国絵画風に描かれた『明暗』……。

美術史家の岩切信一郎氏はこの「漱石本」を特集した『芸術新潮』二〇一三年六月号（「夏目漱石の眼」）のなかで、〈その装幀デザインは、明治末から大正初期の優美でたおやかな雰囲気を感じさせ、当時の欧州世紀末芸術やアール・ヌーヴォーの影響、あるいは中国趣味をみる向きもある〉と解説している。

それらの作品は日本における「本のモダンデザイン」の一つの礎であり、〈日本近代の洋装本普及にかかわり、近代装幀の見本とか、現代の本の装幀の原点にあたるとも評されている〉ともいう。

これらの漱石作品は同時代の大家である橋口五葉や津田青楓によってデザインされたものだが、一方で夏目漱石自身も装幀に深く携わったことで知られる。『こゝろ』では自ら装幀を手掛けており、石に刻まれた中国の古い文字をカバーにあしらった。奥付のちょっとした模様や題字などにも凝っていて、同書の前書きでこれまで専門家に依頼していた装幀を〈今度はふとした動機〉から自分で手掛けてみた、と少し控え目な、しかし言わずにはいられないという様子で書いている。漱石は装幀家でもあったのだ。

それにしても、どれもがなんと美しい本なのだろう。一冊一冊を手に取っていると、日下さんと同じように、ぼくも溜息をつきたくなった。

お金をかけて贅沢に本をつくっている、というだけではない。本の細部に様々な工夫が施され、つくり手たちが本という「もの」の隅々にまで丁寧に目配りして、一冊の本をつくり上げていることが伝わってくるのだ。

表紙も素晴らしいが、紙の傷んだ頁を壊さないようにそっとめくると、挿絵や奥付のデザイン、ノンブルの付け方など、多くの個所に細やかな遊び心が感じられる。

一つひとつの職人技が一冊の本のなかで生き生きとしている。装幀家は差し詰めそれらをまとめ上げるオーケストラの指揮者のようだ。

漱石本は見ているだけで楽しい。たとえ豪華本ではなくとも、本というものがしっかりとつくり込むことによって、このように芸術品たり得ることが事実を以て示されている。

「僕はこれを実際に手に取ってみるまで、近代小説の最初の作品がここまで装幀に凝ってつくられていたなんてぜんぜん知らんかった」

そう語る日下さんが漱石本の実物を初めて手に取って見たのは、前述の『芸術新潮』の特集での撮影に立ち会ったときだった。当時、彼は同誌のデザインを担当しており、取材に同行して神奈川近代文学館を訪れたという。

この日、ぼくが一緒にこの場所へ漱石本を見に来たのは、早稲田にある彼のデザイン事務所を訪れた際、こう強く勧められたからだった。

「稲泉さん、僕の話をここで聞いているくらいやったら、まずは現物を見せてもらったほうがいいですよ。必ず何か感じることがあるはずやから」

だが、いまこうして神奈川近代文学館の資料閲覧室で一冊、また一冊と漱石本を手に取り、時間が過ぎ去るのを忘れて見入っている日下さんの姿を前にすると、この本を見たかったのは何よりも彼自身であったのだ、とぼくは思った。子供の頃の懐かしい友人に再会したときのように、彼は本との昔話に花を咲かせているみたいだった。

「実物を初めて見たときは驚きましたよ。それまでは写真でしか知らなかったから、カッコいいデザインやな、と思っていただけやった。それが実際に手に取ってみると、「ああ、こういうのが（僕らの仕事の）始まりなんやな」と本当に実感したんです。

漱石の頭には、二年間のロンドン留学で見たヨーロッパの立派な本があったんやろね。西欧のルリユール（手製本）や豪華本の世界観が、しっかりと翻訳されている。アールヌーヴォーの一九世紀から二〇世紀にかけてのモダンなデザイン。その時代が漱石を通して本という形に結実しているんですよ」

日下さんは「僕のブックデザインは漱石本の影響を直接受けているわけやないし、

漱石の勉強をしてデザインをしてきたわけでもない。でも――」と続けた。

「ここには僕がこれまでやってきたいろんな考え方やアイデアの多くが、すでに入ってる。日本のマスプロダクションの本のデザインの潜在意識……とでも言うんやろか。漱石本を見ていると、ここにある潜在的な影響が自分たちのようなブックデザイナーに、いまも脈々と流れているのを実感する思いがする」

何より漱石本がぼくらに語りかけてくるのは、本というものはこのように自由につくれるのだというメッセージだった。だから、見ているだけで楽しいのだ。

函のデザイン、紙の選択、書体、挿絵や色、組版、行間や天地の余白の取り方、その無数の組み合わせ――。橋口五葉や津田清楓が作者である漱石と議論を重ね、一冊の本に様々なアイデアを入れ込んでいった時間は、さぞかし刺激的なものであったに違いない。

そして、日下さんは言うのである。

「いまの本もデザイナーと編集者、そして著者がどんどん議論して、これくらいやった方がいい。電子書籍がどうこうと言うとるけれど、それが紙の本が生き残っていく一つの道なんじゃないかな。やっぱり本というのは、美しくあるべきだと僕は思う。その美しさにはいろいろあるから、様々な考え方があるべきやけれど、漱石の本を見ると少なくともこう思うんやね。美しくなければ本やない、って――」

この言葉を聞いたとき、ぼくはやはり日下さんに会いに来てよかった、と思った。

あるべき場所にあるべきものがある

この本の取材で「装幀家」に話を聞くことにしたとき、真っ先に会いたいと考えたのが彼だった。以前に自分のノンフィクション作品を装幀してもらった際のことを、とても鮮烈に覚えていたからだ。

竹内浩三という戦没詩人の評伝『ぼくもいくさに征くのだけれど』（二〇〇四年）、就職氷河期世代が企業社会でどのように生きてきたかをテーマとした『仕事漂流』（二〇一〇年）。この二冊の本を担当してもらい、日下さんに装幀された本の見本が届いたとき、ぼくは一人の著者としてとても幸せな気持ちになった。

ぼく自身のイメージする詩人・竹内浩三が、ほのぼのとした絵で表現されていた前者。水平線の向こうに飛び立つ小さな鳥の列に、「仕事漂流」というタイトルが浮き上がる後者。

カバーだけではなく、本を開いたときの書体の雰囲気や文字の組み方、余白の取り方はまさしく「あるべき場所にあるべきものがある」と直感的に感じられるもので、こんなふうに丁寧に本をつくってくれたことに心から感謝した。

著者にとっても、読者にとっても、そして、それをデザインする装幀家自身にとっても、この一冊が大切な一冊になるようにという本への愛情が、そこには確かに込められているように感じられた。

以来、ぼくは書店で日下さんがデザインした単行本や雑誌を見かけるたびに、彼と作品を通して挨拶でも交わしているような気分になる。

では、ぼくにとってそのように特別な装幀家となった彼は、本のデザインというものをどのように行なってきたのだろうか。また、いかにして本の世界で働くことになり、どんな思いを本に込めてきたのだろう。

そこから「本をつくること」についてまた一つ、新しい世界が見えてくることを期待しながら、ぼくは彼のデザイン事務所に何度か足を運んだ。そのなかで知ることになったのは、一人の装幀家のちょっと数奇で無頼な生き方でもあった。

画家を目指した少年時代

「僕は子供の頃、画家になりたかったんです」

ブックデザイナーという仕事に就いたきっかけを聞いたとき、日下さんは言った。

彼は一九四九（昭和二四）年生まれ。出生地は母親の実家がある香川県観音寺市で、幼い頃から大阪府の吹田で長く暮らした。大阪に本社を置く日本触媒で働いていた父親は、五歳の時に結核で亡くなった。以来、母親と二人の母子家庭に育ったという。

「物心ついたときから、父親の会社の社宅の壁によく落書きをしていたそうです。両親が紙を貼ってくれて、好き勝手に描かせてくれてはったから。父親の葬式のとき、その絵を親戚が「うまい、うまい」と褒めてくれたのをかすかに覚えているなァ」

父親が亡くなってから、小学校の二年生までは看護師として働く多忙な母親のもとを離れ、観音寺で農家を営む祖父母の家に預けられていた。

彼が本格的に絵を習い始めたのは、大阪に戻ってその母と二人で暮らし始めた八歳の頃だ。

二軒続きの平屋が二棟連なる自宅から少し歩き、小さな川を越えた先の近所の市場に絵画教室があった。講師は近所の高校で美術を担当している京都の日本画家が務めていた。彼のことを生徒は「戸島先生」と呼んでいた。

毎週土曜日に開かれる子供向けの教室。市場の二階にあった普段は地域の集会所として使われている畳の大広間。そこが「絵画教室に通ううちに、将来は画家になりたいと夢見るようになった」と言う日下さんの原点となる。

「母があるとき映画に連れていってくれてね。タイトルはもう忘れたけど、舞台がフランス映画で女の子にモテる画家が出てきて、「これや」と思った。ハハハ。いつか俺もフランスに行って画家になろう、って。とにかく真剣やったから、中学校に入っても一人だけ教室を辞めないで、特別に先生から教わり続けたんや」

水彩画でも漫画でも、絵を描くことであれば何でも夢中になった。

中学生になると、学校の課題でポスターを描いてそれが賞を取った。友人と漫画誌をつくり、他の学校でも回し読みされるほど評判になったこともある。『朝日ジャーナル』を参考にして、コラムやクイズ、クルマの広告なども全て二人で描いた力作だった。

この頃、そんな日下さんの様子を見て、母親が毎月買ってきてくれるようになったのが『芸術新潮』だった。

「将来、自分がその雑誌のデザインをしたことを思うと、人生いうんは不思議なもんやね。子供の頃から読んでいたのだから、頼まれたときは跳び上がるほど嬉しかったですよ」

当時、彼は『芸術新潮』が手元に届けられる度に、時が経つのを忘れて読んだものだった。そのなかでよく覚えているのは、あるとき特集されていたフランスの画家ベルナール・ビュフェの絵だ。

「ビュフェは同時代の人やったし、初期の頃の絵は貧しくて、研ぎ澄まされて、モダンなデザインに見えたから。ただ、絵画教室で真似して描いてみるんやけど、まだ子供やから油絵は教わっていない。そやから水彩絵の具に水を使わないで、油絵の真似事を一生懸命にしていたな」

結果的に日下さんが画家ではなくデザインの仕事を志すようになったのは、同じ絵画教室の二人目の講師で、画家の今尾景三氏からこう言われたことがきっかけだった。

「画家になるにはとてもお金がかかる。君のところは母子家庭やし、できれば商業美術に行きなさい」

彼らのような日本画家でも、学校で教えなければ絵では食べていけないという現実がある。また、それは中学校も高学年になり、色の使い方が派手になってきた自分の絵を見てのアドバイスでもあるようだった。

この頃から小学生に交じって一人、授業を受ける日下さんに対して、講師はレタリングなどの技術を教えてくれるようになった。以後、母親が買ってくれる雑誌も『芸術新潮』に月刊誌『DESIGN』が加えられた。

「その雑誌を毎月楽しみにして、「いいなあ、いいなあ」と思いながらYMCAのクラブのロゴマークをつくってみたり、『美術手帖』で（グラフィックデザイナーの）田名網敬一さんの解説を読んで、シルクスクリーンで年賀状をつくってみたりしてね。シルクスクリーンはコツが書かれていなかったから全然うまくいかなくて、ビャッと刷ったらビビビビと見るも無残やった。一応、どうにか形にはなったんやけれど、あれにはすごい落ち込んだなァ」

〝ブックデザイナー・日下潤一〟の原風景である。

はじめての本のデザイン

日下さんが初めて「本」のデザインをしたのは、一九七八（昭和五三）年にプレイガイドジャーナル社から出版された寺島珠雄著『釜ヶ崎　旅の宿りの長いまち』だ。寺島珠雄は釜ヶ崎を拠点に生活するアナキスト詩人で、労務者として働きながら詩作を続けた人物。『20世紀日本人名事典』のウェブ版には次のようにある。

〈中学三年で中退、放浪生活を送り、仙台少年院から横須賀海兵団に入る。昭和十九年戦時逃亡罪で横須賀海軍刑務所に入れられ、敗戦で釈放。千葉県の私鉄に勤め、労組を結成、委員長となった。その後は私鉄、繊維、鉄鋼などの労働運動に従事〉

それから新聞社や土木建設現場、飲食店と職を転々とし、釜ヶ崎にたどり着いて詩作を続けた寺島について、ルポライターの竹中労はまさしく『釜ヶ崎　旅の宿りの長いまち』に寄せた随筆で〈寺島珠雄の存在は私にとって重い、私のみならず、かつて窮民の街に沈淪したなべての老兵にとって、釜ヶ崎でいま労働・放浪している彼の生きざまは、まさしく革命そのものなのである〉と書いている。

> いつか、「ガード下のごみ棄て場が隊伍を解いて動き出してくる」その日を、私は寺島と等しく夢にみる。いくつもの秩序の廃墟の遠い地平に、「詩」と表現するしかないまぼろしを描くのである。
>
> きょうは酒を飲み、あすは筆を執ってその幻影を人々に語りひろめること。前に出ようとうしろに控えようと、それは革命ではないのか。石を投げるべき時には、若い衆の後からついていって、せっせと袋を運んだり、太鼓や鐘を鳴らすことだ。

寺島珠雄が私に諭してくれたのは、きっとそんなことなのである。

日下さんが同書の装幀を編集者から依頼されたのは、竹中労がこう評した寺島が釜ヶ崎に居を定めて一三年が経ったときのことだった。

「初めての単行本やったから、そりゃあ、張り切りました」

彼はいまも当時も本のデザインをする際、作品や作者の雰囲気をどう忠実に表現するかにこだわる。作品を読み、実際に著者に会って、許されれば取材にも同行してイメージを膨らませていく。

「テキストを読み、著者に会ったり編集者の話を聞いたりしてキーワードを探す。基本的にはテキストにできるだけ忠実に、それからできるだけシンプルにデザインしたいという思いがあるんやね。使う書体も限定して、あまり複雑な要素を持ってこないように仕上げたい」

本が旦那、装幀家は芸者

また、日下さんの話を聞いていて興味深いのは、作品を読んだり著者に会ったりするかどうかについても、彼が次のような明確な考え方を持っていることだ。

例えば、装幀家がその本をデザインするにあたって、内容を読むのは必ずしも当たり前のことではない。編集者との打ち合わせでイメージを膨らませる人もいれば、内容をじっくり読み込んでデザインに活かす人もいる。日下さんはそうした著作に対する自らのスタンスをこう語るのだ。

「僕の場合、本は確かに読むんやけれど、あまり深く読みすぎてもあかん、と思うとるんです。あまり中身を読み過ぎて、デザインが作品の内容の批評になってはいけない。そこがいちばん気を付けているところ。本ってね、どんなにくだらないものでも一行くらいはいいことが書いてあるもんですよ。そこをデザインで取り上げるんやね。だって、この仕事はこっちが芸者で本が旦那やから。嫌いな相手でも、その前で芸者は踊らなあかん」

本を装幀してもらった自分としてはドキリとするが、きわめてシンプルで、プロフエッショナルな姿勢だとぼくは思う。

ただ、こうしたブックデザインについての考え方は、最初から日下さんのなかに明確な形であったわけではもちろんなかった。初めて本の装幀を手掛けた二九歳のとき、彼は編集者に言われるがままに釜ヶ崎へ向かい、一間のドヤに暮らす寺島珠雄のもとを訪ねた。

三人で向かい合ってしばらく話をしているとき、天王寺の安い串カツ屋でよく酒を飲むことを話すと、寺島が言った。

「あれは本当は安くないんだよ。労働者からすれば安いお金だけれど、ネタの悪さを考えたら、あんなに高いものはないんだ」

……他愛のない会話だったけれど、トレードマークのハンチング帽を被った反骨の詩人とのそんなやり取りが、なぜか胸に強く残った。そんなちょっとした会話が、イメージの素となっていく。

その日、吹田の自宅に帰る道すがら、彼は初めての装幀という仕事に興奮を覚えながら、どうすれば寺島珠雄という詩人のイメージを本という形で表現できるかを考えた。そこで思いついたのは、釜ヶ崎の昼と夜の写真を表と裏に使用することだった。そして、自身がデザインしていた関西のタウン情報誌『プレイガイドジャーナル』の表紙を描いていた森英二郎氏に、寺島の肖像のイラストを描いてもらってはどうか――と思った。

自宅に戻ると、彼はさっそく自室の製図版に向かって鉛筆を手に取り、四六判用のトンボ線を夢中で引き始めた。

「僕は仕事を頼まれると、いまでもすごく興奮して、その反動で落ち込んだりするタイプでね。あのときも写真と森さんの絵や！　と思ったらもう眠れない。一日中、本のことだけを考えて、自分で写真を撮りに行って帰ってくると、時間も何も忘れて写植を切ったり貼ったりしとりました」

しばらくして出来上がったデザインは、赤枠の窓から覗く釜ヶ崎の街はずれの写真に、森英二郎氏の描く青いジャンパーと帽子姿の著者のイラストが浮かび上がるというものだった。

タイトルの「釜ヶ崎」という文字だけに明朝体を使用し、「旅の宿りの長いまち」という印象的なサブタイトル、「寺島珠雄」の著者名はゴシック体にした。すると「釜ヶ崎」という地名が少し遠くにあるように見え、そのために奥行きと立体感が生じる。カバーを外した本体にはイラストの影を付けた。「このゴシックの使い方は、当時から大好きだった平野甲賀さんの影響やな」とのこと。

「このときはブックデザインが自分のメインの仕事になるとは思っていなかった。そやけど、とても面白かったなァ。僕は本を読むのも見るのも好きやったから。ただ、こうして昔の仕事を振り返ると、なんだか垢の溜まった風呂に入るみたいな気持ちになるけどな」

『釜ヶ崎　旅の宿りの長いまち』

デザインはどこでもできる

　そうして最初の装幀を手掛けた日下さんだが、現在のようにブックデザインの仕事を多く受けるようになるのは、まだ少し先の話だ。

　当時、彼は前述の通り『プレイガイドジャーナル』の表紙や中身のデザインを主な仕事としていた。そもそもそこに至るまでにも、様々な紆余曲折があった。

　まず、中学時代に絵画教室の講師から「商業美術に行きなさい」と言われた後、日下さんは美術大学でデザインを学ぼうと考えるようになったが、結果的には進学どころか高校を中退している。そんななか、定職に就かずにいることを心配した友人が、伝手を頼って紹介してくれたのが大阪のデザイン事務所だった。

　心斎橋にあった事務所では松下電器（現・パナソニック）、小野薬品工業、東洋ゴム工業（現・TOYOTIRE）など大阪に本社を置く企業の広告を受注しており、高度経済成長期の大きな波に乗って人手を必要としていた。

「まずは作品を見たいな」

と、社長に言われ、その日のうちに吹田の自宅に戻ると、これまで大判のスケッチブックに描きためていたロゴやデザインを見せた。

「機敏に動いたのが良かったんやろ。「明日から来なさい」と言われたわけや」

一八歳になったばかりの日下さんは、五、六人のスタッフが働くこのデザイン事務所でしばらく下働きをすることになった。

朝はいちばんに出社して、デザイナーが使う製図版とケント紙に水張りをし、色を着けた後に紙が歪まないようにすること、そして、ポスターカラーの色をつくったり白黒のコピーをとったり、T定規で広告文用の升目を作ったりすること……。それが彼に与えられた最初の仕事だった。

印象的だったのは、午前中に先輩社員と一緒に松下電器のオフィスなどに行くと、宣伝部のドアの外に各デザイン事務所の担当者が並んでいたことだ。

「例えば「テクニクス」（松下電器のスピーカーのブランド）のパンフレットをつくるとき、宣伝部の人たちは自分たちのプランを具現化するデザイン会社に、それぞれ仕事を発注する。それで、僕らは「今日は何かありませんか」とドアの前で待っとるんです」

しかし、結局、日下さんはこのデザイン事務所も一年ほどで辞めてしまう。

あるときメーカーの社員が「この商品はまだ欠陥があんねんけど、上が出せいうから広告打つねん」と言っているのを聞き、「嫌な気分になった」のが理由の一つだったという。学生運動が花盛りだった時代の気分にも影響された。

「まだ一〇代やったから、社会正義みたいなもんもあったんやろね。子供の考えやったけれど、そういう欠陥商品の宣伝なんかに加担しないで、もっと純粋に自分のデザインをやるべきやって。それなら自分のメディアをつくるのが一番ええということで、友達と一緒につくったミニコミを心斎橋の大丸デパートの前で道行く人に売るようになったんです」

そのときのミニコミにこれといったテーマはなく、「自分がデザインするために中身をでっちあげた雑誌」だった。

もちろん道行く人に声をかけてもそう簡単には売れなかったが、雑誌の企画から印刷、製本までの全てを自分で手配して行なうことは勉強になったという。そして人生とは不思議なもので、このとき道端で出会った何人かの「客」が、フリーランスのデザイナーとしての日下さんのキャリアへと繋がっていくのである。

「あの頃は街に学生運動をしている活動家、自主映画や音楽をやっている若者がけっこうおってね。路上でミニコミを売っている奴なんて他におらへんから、面白がって近づいてきた連中と友達になったんです。それで自主上映のポスターを頼まれたり、謄写版でロックの新聞をつくったりするうちに、知り合いが広がっていったんやね。学生運動の連中はシルクスクリーンを使っていたから、ニスの付いた紙を蠟で紙に引っ付けて切って、シルクの版にアイロンで文字をくっ付けたりしたのも面白かった。フリースペースで映画の上映会なんかをすると人が集まるやろ。そのなかで『プレイガイドジャーナル』の編集者とも知り合って、「表紙をやらへんか」と仕事を頼まれるようになったんや」

一九七一（昭和四七）年に創刊された『プレイガイドジャーナル』は、「プガジャ」と呼ばれて親しまれた関西の情報誌である。『ぴあ』の創刊が翌年の一九七二年。映画やライブなど街のエンタテイメント情報を集めた同誌は、様々なイベントを主催して七〇年代のサブカルチャーに大きな影響を与え、日本における「情報誌」というジャンルの黎明期を担った。

日下さんが初めて装幀を手掛けた本の著者である寺島珠雄もまた、この雑誌の執筆者であった。

「君は商業美術に行きなさい」

美術教室の講師にそう言われてからおよそ一〇年。同誌のデザインを担当したことは、そのように彼の仕事の幅を徐々に広げるきっかけとなったのである。

「この時期で最も自分にとって大きかったのは、いしい（ひさいち）君の『ドーナツブックス』（双葉社）の装幀を担当したことや」

と、日下さんは懐かしそうに振り返る。

「彼が『プレイガイドジャーナル』で「バイトくん」を発表していたのが縁でね。新書版のシリーズもののコミックのカバーを三色にあしらって、巻ごとに色のバリエーションを変えたんや。編集していた村上知彦くんたちが『ピーナッツ・ブックス』というスヌーピーの単行本を意識してなァ」

彼は新刊が出るたびに色違いの三色のラインが入る『ドーナツブックス』を、「不二家の三色キャンディ」と呼んだ。

「これがずいぶんと編集者から高く評価されたんです。いま思えば、それが東京に出てくる一つの大きなきっかけやった」

手元に置きたくなる本を

日下さんは一九八五（昭和六〇）年、東京・高田馬場に小さな事務所を構えた。いしいひさいち氏の単行本のデザインで双葉社との付き合いができ、徐々に同社から出版されるコミックや単行本の仕事が増えてきた。それが大阪の実家を出て、上京した理由の一つだった。

日本の出版事情は昔から東京偏重である。出版社のほとんどは東京にあり、ブックデザイナーにとって関西に拠点を置くことには、ちょっとした不便があったのも確かだ。

ときはバブル景気前夜。例えば表紙や本文に使用する紙の種類がこの時期、製紙会社の開発競争でかなり多様になってきていた。東京では紙の専門問屋の老舗・竹尾が書籍用紙の普及に力を発揮しており、デザイナーは新製品の情報を比較的手に入れやすかったという。

一方、大阪で活動する日下さんは、紙の調達にずいぶんと苦労した思い出を持っている。

この頃の大きな書店には「カッコいい本がたくさんあった」と彼は言う。菊地信義氏や戸田ツトム氏といった同時代のデザイナーが活躍し始め、晶文社の作品のほぼすべてを手掛けていた平野甲賀氏、日本の現代デザインの巨匠・杉浦康平氏の装幀した本が並ぶ——そんな熱い時代だったからだ。

自分が美しいと感じる本は、たとえ読まなくても手元に置いておきたくなる。そして、彼らが使用する書体や紙は、ときに一つの流行にもなっていった。だが、大阪の書店でそれらを買い求めても、使われている紙の種類がすぐには分からないのがもどかしかった。

「関西の紙問屋に問い合わせても分からないとなると、使いたくても使えない紙もあった。せやから僕は一時期、自分の装幀した本に紙の種類を書くようにしていたんです。もし自分が若い頃、用紙が分かったら苦労せんかったのに、と思ったから」

日下さんにとってこの頃の最も印象深い仕事は、関川夏央著『海峡を越えたホームラン』（双葉社）をデザインしたことだ。

講談社ノンフィクション賞を受賞した同作は、発足したばかりの韓国プロ野球を舞台に、日本から参加した在日コリアンの選手たちの悪戦苦闘を描いた物語である。日本と朝鮮半島の異文化を論じた傑作だが、日下さんは著者の関川氏の取材にも同行した。

ソウルオリンピック前の韓国の街を歩き、本に登場する選手たちと会い、現地の球場の雰囲気を肌で感じる。

寺島珠雄の作品がそうであったように、そうした体験をなるべくブックデザインに投影したいというのが彼のスタイルだ。

同作では裏表紙に主人公の一人である選手・福士明夫の写真を大胆に載せ、表紙はクリーム色の下地に複数の書体を使用したタイトルと著者名を配置した。

こだわったのは、表紙に細かな木材片を漉き込んだ「ミューズカイゼル」（繊維分が和紙のようにちりばめられた紙）を活かすことだった。その素朴な風合いが、オリンピック前の韓国の街や球場で感じた、殺風景ながらもどこか懐かしい雰囲気を表現していると感じたからだった。

ただ、そのためには工夫が必要だった。実際にカイゼルを使用すると、裏表紙の写真にも繊維カスが入り込んでしまう。写真が汚れたように見えてしまっては台無しである。

そこで日下さんは「パミス」（竹尾のウェブサイトでは〈暖かみのある軽石に似たフェルトマークの紙〉と紹介されている）という紙に、カイゼルそのものを印刷することにした。パミスの柔らかくて軽い手触りに、木片がちりばめられたカイゼルの調子を組み合わせ、双方の「いいとこ取り」をしたわけだ。

「紙に紙を印刷すれば、誰も見たことのない風合いをつくり出せるからね。写真も活かしたいし、カイゼルも使いたい。それを両立させるための方法で、当時はずいぶんとそういう工夫をしたもんです。書体をいくつも使っているのは、まァ、若気の至り。

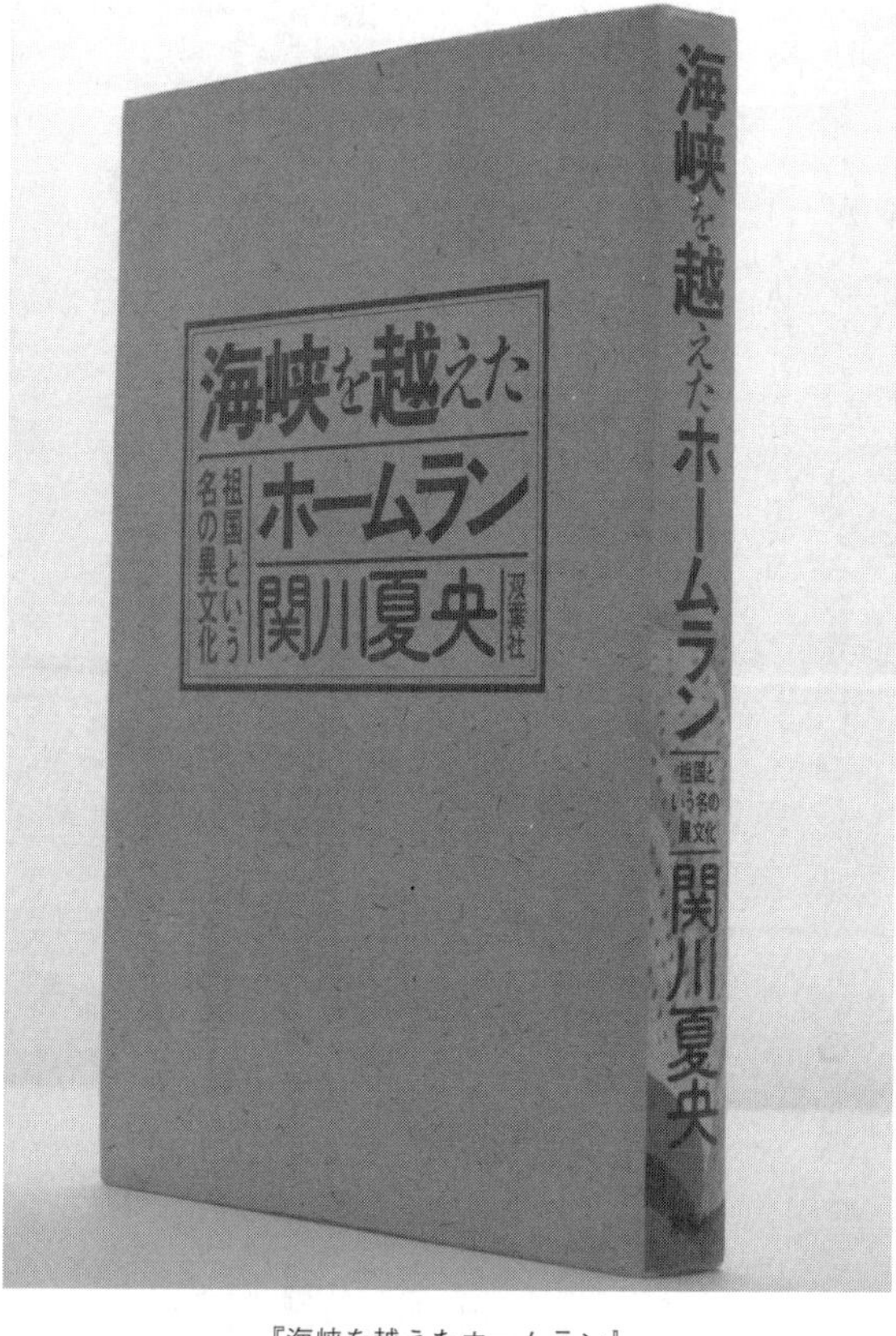

『海峡を越えたホームラン』

いまではなるべく書体は一つにして、シンプルなデザインを心がけとるから」

平野さんから引き継ぐ記憶

さて、こう当時を振り返る日下さんが、デザイナーとして影響を受けた人物を一人挙げるとすれば、それは上京の前年に木下順二著『本郷』のデザインで講談社出版文化賞を受賞した平野甲賀氏だろう。

日下さんが上京後に人気装幀家の一人となっていくのは、『海峡を越えたホームラン』を平野氏に評価されたこと、また、同じく関川氏によって彼の仕事が周囲に紹介されたことが大きかった。

もともと高島屋の宣伝部に勤めていた平野氏は、独立後にアングラ演劇ブームを牽引した「劇団黒テント」のポスターや舞台美術を手掛けていた。日下さんも大阪で黒テントの広告チラシのデザインを手伝っており、その縁で東京に来てから平野氏の仕事場をときおり訪れるようになった。

日下さんが自身の装幀に対する姿勢として心に刻んでいるのは、そのとき優し気な調子でふと語られたこんな言葉だった。

「本をつくるというのは運動なんだよ——」

これは平野氏が繰り返し語っている言葉で、いくつかの解釈が可能だった。

まず、本のデザインのアイデアは単に装幀家が一人で生み出すものではなく、編集者やときには著者とも議論を重ねることで常に変化し、お互いの関係を深めていくなかで萎んだり膨らんだりするものでもある、ということだ。

平野氏は自著『平野甲賀〔装丁〕術・好きな本のかたち』のなかで次のように書いている。

——装丁が本と読者をつなぐんじゃない。本と読者をつなぐのは、あくまでもその本の中身だと思う。装丁は、ちょっとしたサービス。ぼくができることといったら、その出版社がある感じをもって本を出しつづけている——その動きをサザナミみたいに、できるだけ気持よく表現していくことじゃないかな。

平野氏はそのために編集者との打ち合わせがいかに大切かを語っている。編集方針はどうか、どんな本をつくりたいと考え、これまでどのような本を出してきたのか……。〈その動きのなかで自分が一定の役割を果たしていく〉ということ。それが装幀家の仕事だ、と彼は言うのだ。

また——

出版社の動きだけじゃなくて、世の中の動きというやつがあるでしょう？　本には「出るべくして出る時期」があると思う。なぜその本をその時期に出したいのか。そのことがきちんと呑みこめれば、それだけ生きた本ができる。その時期にうまくはまって、そのことがはっきり意識できる本がつくりたい。ウソでもいいから、そのことを編集の人たちに納得させてもらいたいということですね。

日下さんにはこのような平野氏の考え方を、自分なりに解釈して受け継いできたという思いがある。

「平野さんはもともと演劇を通して運動をしていた人やから、そんな印象的な言葉が出てきたんかな。本をデザインする行為いうんは、みんなが思っているよりも、社会と深くかかわっている行為なんや、って。本をつくる関係者がみんなで議論して、意気投合したり、リスペクトし合ったりしながら、アイデアを膨らませていくのが装幀だということ。それをしなかったら、ただ単にチラシをつくっているのと同じじゃからね。だから、機会があれば著者の仕事についていくこともあるし、なるべくその本と深くかかわりたいという思いが僕にはあるんです」

さらにデザインは一つの社会運動でもある、と彼は続ける。

ブックデザイナーが装幀した本は、最終的に書店に並べられる。その集合体である平台や棚の風景は、一つの「時代の空気」をつくり出すことにもなるからだ。

時代によって押し出されるもの

その意味で日下さんが当時の新刊本のなかで、よく言及する一冊の本がある。前述の戸田ツトム氏が装幀した『優雅な生活が最高の復讐である』(カルヴィン・トムキンス著、青山南訳)だ。

同作はスコット・フィッツジェラルドが『夜はやさし』でモデルとした画家夫妻の交友関係を通して、一九二〇年代のアメリカの上流階級、その時代におけるピカソやヘミングウェイなど文化人の姿を描いたノンフィクションである。

二〇〇四(平成一六)年に新潮文庫から復刊されているが、一目見て衝撃を受けるのは一九八四年にリブロポートから出版された単行本版の方だ。

日下さんは同書を手に取ると、

「コレ、すごいやろ？」

と、言ってニヤリと笑うのだった。

なるほど、確かに何とも存在感のある本である。

カバーと口絵の紙に使われているのは、繊維が混ざって見える前述の「カイゼル」。タイトルには二種類の明朝体が組み合わされており、本を開くと本文の書籍用紙は赤い色紙だ。

本文書体にはＹＳＥＭという読売新聞の見出し用の明朝体が活かされている。新しさと古さがせめぎ合い、組み合わされることによって醸し出される異様な雰囲気、とでも言えばよいだろうか。

日下さんが「すごいやろ？」と言うのは――一九七九年生まれのぼくには想像するほかないが――そこから一九八〇年代という時代の「気分」のようなもの、あるいはバブル景気前夜という時代の香りや臭みといったものが、湯気のように立ち昇ってくるのを感じるからに違いない。

「こういう本が本屋に行くと並んでいたわけです。この本を初めて見たときはすごい衝撃でした。活字書体の切り貼りと写研から出たばかりの秀英明朝が組み合わせられていてね。活字のほうは知らない書体だったけど、謎は後年とけました。カバーと本文のデザインでよくこんなことができるものだと感心した。いまならなおさらやり難い挑戦やろね。でも、残っていく紙の本のデザインいうんは、こういう手のかかったものじゃないんかな——」

「漱石本」のときもそうだったように、魅力的なデザインの本を手にするとき、日下さんは本当に楽しそうに目を輝かせる。

だからこそ、早稲田大学の近くにある彼の事務所を訪れて話を聞くなかで、ぼくは何度も「この人は本当に本が好きなんだ」という感慨を胸に抱いた。良いと思ったものは存分に褒め、嫌いなものは大胆に嫌いと言う言葉の節々から、常に本への愛情が伝わってくる日下さんに惹かれていった。

「美しい本」への憧憬

日下さんは一九九〇（平成二）年から『芸術新潮』のデザインを手掛け、その仕事は二〇年以上にわたって続けられた。また、九〇年代前半の一時期には、平野甲賀氏に代わって晶文社の装幀を全て任されていたこともある。

ピーク時には単行本、コミック、雑誌を含めて年に一〇〇冊前後をデザインしていたという仕事の蓄積は膨大なものだ。その一部が並べられた事務所の本棚を見る度に、ぼくはすでに全体が一つの日下さんの世界になっている作品群の一冊一冊に、そのような愛情が込められてきたということに頼もしい思いがする。

彼はタイポグラフィと呼ばれる書体の研究者とも親交があるが、「別に勉強をしたいと思って何かをしたことは一度もない」と言う。

「その世界が好きやったら、自ずといろいろ考えるし、分からなければ人に聞きたくなる。そういうもんやないですか。ブックデザインいうんは淡々と作業としてこなしていくこともできる。でも、やっぱりそれは僕にとっても一つの運動なんやね。そして、そうであるが故のやり方や楽しみ方がある。そんな仕事やと思うんです」

例えば、ヨーロッパの教会に行くと、何百年も前の紙の本が飾ってあるように、「美しい本」への憧憬は人間が持ち続けるものであるはずだ、と日下さんは言った。そう信じているからこそ本が好きだし、本をデザインする仕事への熱意もわいてくるのだ、と。

「たとえお金をかけなくても、宝石みたいな本はつくり手たちが必死に手間と時間をかけて工夫をすれば、つくれるはずなんや。それを見て「こんな本をつくりたい」と思う人がいる限り本は残っていくやろ。そのためにはやっぱり紙の本が美しくなければあかんのですよ」

第七章　海外の本の架け橋

二〇一五年一〇月一四日から一八日にかけて、ドイツのフランクフルトで毎年恒例のブックフェアが開催された。

この期間中、町の巨大な会場には、世界中から集まった出版社のブースが立ち並び、来年以降に出版される本のPRが行なわれていく。

著者の写真が大きく引き伸ばされた幟、タイトルの横断幕や無数の宣伝チラシ。ジャンルも小説、ノンフィクション、ビジネス書や児童書、イラスト本とあらゆるテーマが網羅され、各ブースでは著者やその代理人、出版社の社員といった本の権利者が、刊行予定の書籍の企画書を手に各国のクライアントと次々に商談を交わす。フランクフルト・ブックフェアは、そんな世界的な一大イベントである。

驚くのは参加国の数がおよそ一〇〇カ国にも上ることだ。

特に近年では中国や韓国などアジア地域の出版社の買い付けが増え、アメリカやヨーロッパ、そして日本が中心だったかつての雰囲気が様変わりしているという。

そんななか、どこまで歩いても本、本、本という活気に満ちた会場を忙しく駆け回りながら、玉置真波さんはいつも思うのだ。「世界中から本が集まるというのは、こういうことなんだ」と。

別の言語で出版してほしい

彼女が勤務する「タトル・モリ　エイジェンシー」は、日本で販売される翻訳本の約六割のシェアを持つ国内最大手の老舗企業だ。同社のノンフィクション部のエージェントである彼女にとって、この世界最大のブックフェアは一年のうちで最も重要な舞台である。

この年、ニューヨークとロンドンで商談を行なった後、彼女は休むことなくフランクフルトへ向かった。五日間のフェア開催期間に、こなす必要のあるアポイントはおよそ一〇〇件。三〇分に一度は権利者の提案を聞き、日本に持ち帰って各出版社に薦める書籍企画を厳選しなければならない。そうして版権が売れた本が、一～三年後の日本の書店に新刊書として並ぶことになる。

彼女は一九九三（平成五）年にタトル・モリへ二五歳で転職した。以来、二〇年以上にわたってこのブックフェアを訪れ続けてきた。

「当時からとにかく圧倒されるのは、自分たちの本が別の言語で出版されてほしい、というエージェントの情熱です」

とりわけ先輩のアシスタント同然だった新人の頃は、「本」をめぐる人々の熱気に触れた際に目眩を覚えたものだ、と彼女は言う。

商談はフェア開催の週の前半からすでに始まり、クラシカルな一流ホテル「シュタイゲンベルガー・フランクフルター・ホフ」へ行けば、ラウンジやバーや中庭までいたるところが人で埋め尽くされ、刊行が予定される本の翻訳権の売買が取り交わされていた。

彼女のようなエージェントの仕事は権利者の宣伝文句を聞き、著者の経歴や人柄について質問をして、本のポイントを把握していくことだ。著名な著者の新刊であれば、すぐに売買が成立することもある。しかし、なかにはまだ取材すら始まっていないノンフィクションの企画もあれば、紹介文がA４一枚の紙にまとめられているだけのものも。執筆者の出身大学、研究分野や職歴、これまでの出版の履歴、ライターが所属している新聞社……。著名な出版社であればある程度の信用があるが、初めて名前を聞く版元であれば理解し合うのに時間も必要だ。

それは、日本にいるだけでは見えない「本」をめぐるもう一つの世界だった。

「まくしたてるような口調で本をアピールして、最初は怒っているのかなと思うこともあったくらい。どの人も自信をもって良い作品を提供できるよう入念に準備していて、パンフレットや提案書が非常に緻密に作り込んであるんです。そんな彼らが作品にかける思いを言葉にし、態度と熱意をもって表現することを一日中、五日間にわたって続けるのがフランクフルト・ブックフェアなんですね」

海外と日本の違い

海外と日本の出版事情を比べたときに大きく異なるのは、このような著者の代理人の存在だ。日本においてライターとやり取りをするのは、主にその本を担当する編集者である。著者はときに企画段階から編集者と対話し、原稿の執筆や改稿はもちろん、出版契約の詳細や後の取材対応も編集者と行なうのが一般的だ。

一方で欧米では「リテレリーエージェント」と呼ばれる彼らが作家の発掘、出版社への企画の売り込み、原稿料の交渉までを担当し、有望な著者とは二作目以降のキャリア設計をともに行なっていく仕組みがある。

彼らはブックフェアなどで著者を売り込み、様々な国の出版社から印税の前払い金である「アドバンス」、つまりは契約金を集めて執筆に専念させる。人気作家となれば数年後に出版予定の「企画書」の段階で、世界各国の出版社から計数十万ドル、ときには数百万ドルのアドバンスを得る人もいる。その一部が代理人の収入になるため、売り込みにも自ずと熱が入るわけだ。

海外のそのような「本」の現場において、日本の出版社への版権売買の仲介を担うタトル・モリは「サブエージェント」と呼ばれる立場だ。

彼らは著者や出版社などの権利者の代理人として交渉を請け負い、話題作では来日する著者の予定のアレンジからアテンドまでを担当することも多い。現在、タトル・モリの社員は約五〇名。そのうち絵本、ノンフィクション、実用書、小説の四部門合わせて、エージェントの数は一六名である。「業界全体でも一〇〇人もいない世界」とのことだから、いわば年間五〇〇〇点から六〇〇〇点が発行される豊饒な翻訳書の世界を、陰で支える少数精鋭の人々なのである。

初めてのフランクフルト・ブックフェアから二〇年が過ぎ、玉置さんは当時のことを少しはにかみながら話す。というのも、目眩を覚えたのは比喩ではなく、実際に緊張と疲労で倒れてしまったからだ。

実用書、歴史書、ルポルタージュにユーモア本まで立て続けにプレゼンを聞いているうち、あまりの目まぐるしさに立ち眩みを覚えた。

体調不良で現地の病院へ行くと、

「You have anemia」
君は貧血だよ——と医師から告げられたのは、いまも「本」をめぐるほろ苦い思い出である。それが彼女の初めて触れた「欧米の本の文化」だった。

編集者とエージェントとのセッション

日本に帰国した玉置さんには、ブックフェアでの成果を出版社の翻訳本担当者に伝え、一冊ごとに今度は自らが企画を売り込む仕事が待っている。

翻訳書の版権仲介という言葉だけを見れば、彼女たちの仕事は「本を右から左に動かしているだけ」というイメージを持たれやすいものだ。だが、ある出版社の翻訳本担当者との打ち合わせに同席すると、「本」をめぐるこの仕事が、決してそのような単純なものではないことがすぐに理解できた。

その日、神保町にあるタトルのオフィスでは、玉置さんと中堅出版社の編集者Tさんが白熱した議論を交わしていた。部屋の壁にはタトルの担当した本が並べられており、ざっと見渡しただけでもノーベル平和賞を受賞したマララ・ユスフザイの『わたしはマララ』、テスラモーターズのCEO、イーロン・マスクの伝記など話題作が目立つ。

彼女のリストには、アメリカの医師が格差問題を論じた社会派ノンフィクションの企画書、「ガンにならない生き方」をテーマとした大学教授のライフスタイル本のパンフレット、そして、『ガーディアン』紙の記者が各国を取材した難民問題のルポルタージュの企画があれば、すでに出版されている料理やワインのガイドブック、ロシアの出版社が出した猫のユーモア本まである。

五〇冊近い作品の一冊一冊について、彼女は現地のエージェントや編集者から仕入れた情報を伝えていくのだが――。

「これは日本ではもう類書がある」「アメリカでは読まれても、日本ではあまり関心事ではないね」「面白いのだとは思うけれど、難民問題は学術的に描かれ過ぎると、日本の市場に合わない」「これは原稿を読まないと何とも言えない」……とTさんは言い、次々とリストにあるタイトルには斜線が引かれていくのだった。

実際の版権の仲介については、タトルからの提案が六割、出版社からの依頼が四割ほどだという。だが、二人の打ち合わせを見ていると、お互いに企画を相談し合いながら選書を行なっているという雰囲気が強い。

Tさんによれば、このリストから実際に数冊が出版されれば良い方だという。タトル・モリの収入は出版契約を結んだ訳書の著者印税の一部である。今度は玉置さんが一つひとつの企画を、リテレリーエージェントと同じように熱く説明する番だ。

「無数にあるリストのなかから、その版元さんや編集者さんの求める企画を選んで紹介していくのですが、常に大事なのは日本の文脈に企画をどう位置付けるかということ。どんなに素晴らしい原書でも、アメリカ人にとっては重要だけれど、日本人にはあまり関係ないという本もたくさんあります。そうした文脈をいかに捉えられるかが、エージェント一人一人の課題なのだと思っています」

今回の打ち合わせは不発に終わりそうな気配だったが、一方で翻訳書の担当となって二〇年のベテラン編集者であるTさんは、「この一〇年ほどを振り返ると、タトルのようなエージェントは翻訳する本を探す上でより大切な存在になっている」とも語った。

「最近の翻訳書の市場は、昔と比べて驚くほど多様化しているんです。例えば昔は『利己的な遺伝子』のリチャード・ドーキンスが流行すると、周囲にも同じテーマを別の角度から見たり、深めたりするテーマの本があふれるという傾向があった。それだけ僕らもブックフェアで本を選びやすかったわけだけれど、いまは学者、ブロガー、ライター、ジャーナリストがあらゆる背景を持ち、考えもしなかったような新人が突如として登場するし、ジャンルもより細分化されている。とても自分たちだけでは全体を把握しきれなくなってきています」

そんななか、タトルには海外の出版事情の「生の情報」が、常に集まってくる情報網がある。同社は英国の大手出版社「ペンギン・グループ」の九割以上の版権を扱っており、米国の「ペルセウス・ブックス・グループ」や「ハーバード・ビジネス・レビュー」とも独占契約を結んでいる。そのため同社のエージェントのメールアドレスには日々、海外出版社からの企画情報が次々と送られてくる。

また、タトルのもう一つの強みは、ロンドンに一九六〇年代から支局を構え、七九年からはニューヨークでも出版物の企画情報を集めるスカウト会社と提携していることだ。

そこでは有名出版社の人事異動や名物編集者の移籍情報が随時把握されており、いち早く本の企画情報を手に入れる仕組みとして機能しているという。

これまでタトル・モリが仲介してきた作品の歴史は、戦後における日本の翻訳本の歴史そのものである。

一九五二(昭和二七)年刊のアンネ・フランク『光ほのかに』(後に『アンネの日記』へ改題)に始まり、コナン・ドイルやアガサ・クリスティの一連の作品、トーべ・ヤンソンの『楽しいムーミン一家』、D・カーネギーやP・F・ドラッカーの経営書、ガルシア＝マルケス『百年の孤独』、『きかんしゃトーマス』に『ピーター・ラビット』『マディソン郡の橋』『フォレスト・ガンプ』などのミリオンセラー――。児童書から小説、ビジネス書まで、これまでに仲介した本の冊数はゆうに八万点を超える。

玉置さんはこの「実績」を背景にエージェントをしているわけだ。

戦後すぐにタトルがはじまる

タトル・モリ　エイジェンシーの歴史は、終戦後の日本を訪れたあるアメリカ人に始まる。

進駐軍による占領下、GHQの機関である民間情報教育局（CIE）の一員に、チャールズ・エグバート・タトルという人物がいた。タトルは米国で出版・印刷事業を代々行なってきた名家の出身で、新聞や放送などの検閲・統制を担うCIEの将校だった。

このタトルの来歴を詳述した和田敦彦著『越境する書物』の第七章「日本の書物と

情報の輸出入」によると、彼は東京に赴任する前、終戦時にわずか二週間ほどの言語講習を受けただけだった。だが、家業である出版ビジネスに詳しい人物だったため、CIEの調査室長に任命されたという。

同書によれば、〈占領期から一九五〇年代にかけては、それまでにない大規模な書物の移動が日米間で起きた時期〉だった。戦争によって日本研究や本の移動がなくなっていたこと、さらに日本が冷戦体制のなかで〈米国やソ連の活発な文化宣伝の場〉となったことなど、日本語で書かれた本や情報にこれまでにない需要が生じていたからだ。

そのなかで日本における初期の「本の仲介者」となったのがタトルだった。一九四七（昭和二二）年に軍を退役した彼が、「チャールズ・E・タトル社」の東京支社をつくったのは翌年の一九四八年のことだ。

当時、アメリカの図書館は日本語の本を欲していたが、書店との直接取引ができなかったため、それぞれの職員を日本に派遣していたという。CIEの室長であるタトルはそうした人々に助言をする立場にあり、その人脈を後に日本での著作権ビジネスへ大いに活用したのである。

和田敦彦氏が〈書物の仲介者であることは、流れていく書物の単なる通路となることを意味しない。それは受動的に請け負う行為というよりも、積極的に何かを作っていく行為に近い〉と指摘するように、タトルは終戦直後の日本発の情報を「仲介」という行為によってコントロールする立場にあった。その意味で彼が占領期を終えた後も日本に残り、日米を本によってつなぐ出版・仲介事業に乗り出したのは自然なことだったのだろう。

一九五一年に千葉麗子という女性と結婚したタトルは、同じ五〇年代に事業を拡大していく。彼は約一〇年間で五カ所に販売店を設け、〈八〇人の日本人社員と一〇人の米国人スタッフ、組合や社員による野球チームまである複合的な書物ビジネスを国境を越えて展開〉するに至った。

そして、洋書の輸入販売や和書の翻訳、輸出などその幅広い事業の一部門が、現在のタトル・モリの主体事業である版権仲介だった。

トム・モリの存在感

タトル・モリが現在の形に独立したのは一九七八（昭和五三）年。創業者の森武志はタトルの妻・麗子の甥に当たる人だ。

独立の一〇年前、子供のいなかったタトルに請われてタトル社に入社した森は、二四歳のときに著作権課の社員となり、初めて欧米各国のブックフェアや出版社を巡った。もともと学生時代に商社を志望していた森は、父親の仕事の関係で幼少の頃にアメリカで暮らしており、英語が得意だった。彼は欧米出張でL・ピーター著『ピーターの法則』を見つけ、それが日本でベストセラーとなって以後、著作権部で頭角を現わしていく。

彼は『朝日新聞』の「ビジネス戦記」のなかで、

〈著作権部はまだ十人ほどの所帯だった。面白さにとりつかれた。大型商談をまとめる興奮がある。自分がやらなければ、この本は日本語にならないかもしれないという気持ちがより大きかった〉

と、当時の心境を語っている。

そして、その森がタトル社から独立させたのがタトル・モリ　エイジェンシーであった。

国内外の著者や版元関係者から幼少時代のニックネーム「トム・モリ」と呼ばれて親しまれた彼は、日本の出版史のなかで異様な存在感を放っている男だ。

一九九三年に同社へ入社した玉置真波さんも、面接試験で初めて森に会った際に強烈な印象を覚えた。一目見て一〇〇キロはありそうな体格、趣味のゴルフで日焼けした肌、腕にはトレードマークの金のロレックスとブレスレット……。指にはエメラルドやトルコ石を設えた指輪がぎらぎらと輝いていたからだ。

「一度会ったら誰もが忘れられないような人。そんな彼が会うなり、「ハーイ！　ウエルカム！」といきなり私を呼んだんです。向かい合って話していると、何だかその指輪の大きな石に吸い込まれていくような気持ちになって、私は圧倒されてしまいました」

巨大な花瓶の置かれた部屋で、彼女は森のあまりに怪しげな迫力に戸惑ったまま筆記試験を受けた。そのなかで一冊の洋書を渡され、「この本を日本の出版社へ売り込む紹介文を書いてみなさい」と言われたことが、彼女と同社との出会いとなった。

森の醸し出す強烈な印象は、多くの著者や海外の出版人の目を引くものだった。日本では『海の上のピアニスト』で知られるイタリアの小説家アレッサンドロ・バリッコは、ウンベルト・エーコの新作出版記念パーティーで森を初めて見たとき、〈はたして、こんな人が本を売ったり買ったりするのだろうか〉と思ったと述懐している（『Agency To Span The East&West』［非売品］より）。その思い出を振り返るバリッコの描写は、森の得体のしれない迫力をユーモラスにこう表現している。

〈話し方もジェスチャーもまるでナポリ人のようなのに、振り向いて日本の出版社の幹部らしき人物には深々と東洋のお辞儀をしている。まさにカメレオン。ジパングにいるという黄金の昆虫でも食べているのだろうか〉（同）

五三歳の若さで急逝した森の生涯は、何しろこのような魅力的なエピソードに事欠かないのだ。

「森の名前は海外で浸透していました。昔はブックフェアで遠くの方から森の声が聞こえて、だんだんと近づいてくるのですが、アポを三〇分おきでこなさなければならないのに、みんなに次々に止められて次にたどり着けないということがしょっちゅうありました」

と、玉置さんは懐かしそうに語る。

ちなみにバリッコの語る「ナポリ人」のような所作は、本の買い付けを行なう海外の旅先で、森がハリウッド映画などを見て研究して身に付けたものだった。当時、大物クライアントとの商談の前日になると、彼はホテルの部屋に同僚を呼び、「ハーイ！　アイム　トムモリ」と何度も繰り返し練習をしていたそうだ。

また、森のキャラクターを表す逸話としてよく語られるのが、ロシアのエリツィン大統領（当時）の手記を仲介したときのことだ。彼はエリツィンの前に座ってともにウォッカを飲みながら、日本語で「石狩川悲歌」をアカペラで披露した。そのとき、日本の版元を代表するように「かつて出した『告白』の二倍売ります」とリップサービスをして、エリツィンの機嫌を取ったバイタリティには相当なものがあった。

前述のように、日本の代表的な翻訳本の多くはこの彼の手を介して仲介されたものだった。森の登場まで日本の出版界には「エージェント」という考え方や、洋書の翻訳権を出版社が入札で取り合うシステムはほとんどなかった。そのため、彼とタトル・モリの仕事は、現在の翻訳本の世界を一からつくり上げていくようなものだった。

同社のキャッチフレーズは、社名ロゴとともに書かれる「AGENCY TO SPAN THE EAST AND WEST」というものである。その言葉通り、彼らは本における東西の架け橋、戦後日本に翻訳本の世界を花開かせた〈出版界のシルクロード〉（バリッコ）であったのだ。

作品に対する圧倒的な嗅覚

新入社員としてタトル・モリに転職した玉置さんもまた、入社後、次第に森の魅力にひきつけられていった一人だった。

一九九三年、二五歳だった彼女が同社を転職先に選んだのは、第一に子供の頃から本が好きだったこと、次に父親の赴任先であったアメリカに中学生まで暮らした生い立ちが背景にあった。外国語大学などで語学を学んだエージェントが多いなかで、帰国子女の彼女は「自分のアイデンティティ」を仕事に結び付けたいという思いを抱え続けていた。

「五歳の時に親の仕事の事情でアメリカに放り込まれて、一二歳でまた日本に戻ってきた。そんな私にとって、本は双方の文化のギャップにいつも戸惑っていた自分を、満たしてくれる大切なものだったんです」

玉置さんはアメリカでは両親が取り寄せた日本の本を読み、日本に戻ってからは洋書を読んで子供時代の思い出に浸って育った。そして、大学の就職課で『国際派就職事典』という分厚いガイドブックを隅から隅まで見ていたときに知ったのが、版権仲介という仕事が日本にもあることだった（ただ、タトル・モリは新卒採用を行なっていなかった）。

転職した当時、タトル・モリは神保町の「藤屋ビル」の七階と八階にあった。彼女を驚かせたのは、紙や資料の束が腰の高さまで積み重ねられたフロアの至る所に、「サンタクロースが持っているような袋」がいくつも置いてあったことだ。それは毎日、郵便局から届けられる紙の束で、中身は海外から送られてくる生原稿や手紙、著作権関係の書類であった。

その頃、タトル・モリの業績は創業以来の絶頂期を迎えていた。

森が二〇年来の付き合いだった米国のエージェントから紹介され、文藝春秋社につないだ『マディソン郡の橋』、新潮社への仲介を担当した『風と共に去りぬ』の続編『スカーレット』。それらの作品がミリオンセラーとなり、著名な作家の来日も相次ぐ。同社はまさしく「フィクション大全盛期」という活況のなかにあった。

入社一年目からフランクフルト・ブックフェアに行く傍ら、玉置さんはその活気溢れる社内でエージェントの仕事を学んだ。

「おい、マナミ。ちょっと来い」

一日に数回は内線電話で社長の森にそう呼ばれ、権利者からの手紙を渡される。その呼び出しの回数の多さには閉口したが、そのうち彼女は普段はあまり言葉では語らない森が、本に対する教養と強烈なビジネスセンスを持つ経営者であることを知っていった。

「本への愛情を社長がどれほど持っていたかは、私には分かりません。単に「本 is my business」くらいに思っていたかもしれません。でも、作品に対する嗅覚はすごくて、当時のタトルは紛れもなくトム・モリあっての会社でした。著者と版元と読者の全てが喜ぶ翻訳本の世界を、日本に根付かせたいという気持ちが、彼を突き動かしていたのでしょう。仕事には成功も失敗もあったけれど、その気持ちの強さには確かなものがありました」

彼女が初めてかかわった大きな案件の一つに、一九九五（平成七）年にアスキーから出版されたビル・ゲイツ著『ビル・ゲイツ　未来を語る』がある。森はコンピュータに全く触れたこともなく、また、触れるつもりもないようだったが、すぐさまシアトルのマイクロソフト本社に飛んで交渉をまとめてきた。

その際、同書のアドバンスは入札競争で初めて一〇〇万ドルを超えた。海外からの企画情報をもとに素早く行動し、ここぞという商談をトップダウンで一気にまとめ上げる彼の仕事を見て、日本の出版社用の企画書や資料作りをした彼女は、版権ビジネスというもののダイナミックな部分に触れた思いがした。

森は前述の「ビジネス戦記」のなかで、この本を手掛けた時期の自らの思いを、叔父であるチャールズ・E・タトルの言葉を引いてこう振り返っている。

「トライせずにだめと言うな」

洋書出版のタトル商会の創業者で叔父のチャールズ・タトルの口癖だった。身にしみたのは、学生時代に広告セールスのアルバイトをして、門前払いの連続だったときだ。真夜中近く、三一軒目でステーキハウスの女主人が契約をくれた。

「Keep Trying　トライし続けろ。だれかが、ほほえんでくれる」

それ以来、この言葉を人生の支えにしてきた。

新たな架け橋

森武志は玉置さんが入社して五年目、癌による闘病の末に五三年の生涯を閉じた。いまでもこうして二〇代半ばだった当時を思い出すとき、彼女は「おい、マナミ。ちょっと来い」というあの森の声が胸に甦ってくる気がする。

それから二〇年が経ち、同社のノンフィクション部門の部長を務める彼女は、「思えば、自分の好きな仕事をずっと続けてきた」と言うのだった。

例えばアメリカから日本に戻ったばかりだった中学生の頃、日本の学校生活にまだ慣れることができず、本ばかり読んで過ごしていた。彼女には三歳下の妹がいる。自分とは違って外で遊んでばかりいたその妹に読書の面白さを伝えたいと思い、彼女はちょっとした工夫を考えた。

「ショートストーリーを途中まで読み聞かせ、結末を言わずに妹に渡したんです。特に覚えているのは『encyclopedia brown』シリーズ。日本語では「百科事典探偵」とでもいえばいいでしょうか。謎解きの部分を読まずにそっと本を置いておくと、妹が気になって自分で続きを読んでいる。その様子を見るのがとても好きでした」

神保町にあるオフィスで何度か話を聞いたあるとき、彼女は数々の翻訳本の名著が飾られた会議室で、「そんなふうに好きなだけで続けてきたこの仕事も、一つの曲がり角を迎えているのも確かです」とも語った。

彼女がタトル・モリで働いてきた二〇年間は、九〇年代にピークを迎えた出版市場が、縮小を続けてきた二〇年間でもあった。森が辣腕を振るった活気ある時代の雰囲気も、いまでは様変わりしたところがある。

だが、一方で同社の業績は今期になって過去最高益を記録しており、社員数も玉置さんが入社した頃と比べて倍近くになっている。その背景には翻訳書の市場が縮小する半面、タトル・モリの事業が「東西」の架け橋から「東西南北」へと広がっているからだ。

「欧州と北欧、東南アジアに中国や韓国、ロシアとの取引も増えています。特にアジア地域には年間一〇〇〇冊の取引がありますし、欧米では日本のマンガの文化が広がってきました。そして北欧はムーミンですね。確かに従来の翻訳書は減ってきていますが、エージェントの一人一人がマーケットを開拓してきたし、本を核にしてタトルの事業も移り変わってきたわけです。それに、読者の人たちの本への接し方は時代とともに変わっていくものでしょう」

ただ、そのなかで決して変わらないものがある。それこそが「トム・モリがこの会社で体現してきたエージェントの精神です」と彼女は続けた。

「日本では代理人というと単なる仲介業者で、いてもいなくてもいいようなイメージを持つ人が多いかもしれません。でも、エージェントにはエージェントならではの役割、私たちにしかできないことがある。海外の作品に企画書の段階から触れて価値を見極め、それぞれの著者に合った日本の出版社を紹介する立場にあるのは、自分たちエージェントだけなのですから」

帰国子女だった彼女がエージェントという仕事にたどり着いたのは、自分の長所を活かして、世の中の役に立つ仕事を探していたからでもあった。翻訳書をめぐる環境が変わっていくのであればこそ、「世界の知を日本にどうつなげていけるか」という問題意識をなおさら強く持たなければならない――と彼女は話した。

「think like agent。海外でこの仕事をしていると、「you are thinking like an agent」という表現がよく褒め言葉として出てきます。その役割は時代によって変わっていくけれど、精神は決して変わりません。翻訳文化をどのように守り、広げていくか――森がそうであったように、今度は私たちがそのことを模索していかなければならない、と思っています」

第八章　子供の本を大人が書く

私が幼年童話や絵本を書くとき、いちばん大切に考えているのは、まず自分が楽しいと思ったものを書くということです。

子供のために書くとか、四歳の子、一〇歳の子にはこの程度とか、そういうことは考えません。作者が楽しい気持ちなら、それは、小さな読者に伝わると信じているんです。

子供というのはいちばん正直な読者だから、彼らが面白く読めば、それは必ず大人にも面白い。

でもね、その反対に大人が面白いと思ったものが、小さな読者にも歓迎されるとは限らない。ところが、子供の本はその大人が書くものなのね。そこが面白いし、難しいところです。

大人や親は、子供に本から色々なものを学んで欲しいと思いがちです。それでどうしても押し付けがましくなってしまう。何かためになる本を、とかね。

読んだ後に、

「どうだった?」

と、感想を聞きたくなってしまったりする。

子供はそんな要求を敏感に感じて、「本ってめんどくさいな」と一度でも思ってしまったら、後が続かないものでしょ。

大人はやっぱり子供の本に効率みたいなものが欲しいんですよ。でも、小さな読者は無理をしない。自分の子供の時を思い起こしてみれば、つまらないものはつまらない、そう感じたら、無理して付き合ったりしなかったでしょう? わきに置いて見て見ぬ振りをしたり。

そういう読者を相手に書くのですから、こちらも真剣です。このくらいでいいだろうなんて、少しでも思ったりしたら、絶対に拒絶されますから。それだけに楽しみも大きいのです。

書き手も子供のようにわくわくして書かないと。作者は大人ですから、そんな心のありようが難しいですね。

その意味で子供の本は、究極の本だと思うの。

子供への物語を書き続ける

神奈川県の鎌倉駅から徒歩一〇分、少し入り組んだ路地を入った閑静な住宅街に、彼女の暮らす家はある。

丁寧に手入れされた色とりどりの花々が、いつも玄関に飾られている。約束の時間にインターホンを鳴らすと、扉を開けた角野栄子さんは、

「どうぞ、おはいりなさい」

と、少し悪戯っぽく微笑んだ。

一目見て、なんて素敵な作家なのだろう、と思う。

美しく整えられた銀髪に、着こなすのが難しそうな北欧風の赤い服、縁に薄く色のついた眼鏡をかけている。その雰囲気はまるで彼女自身が描く幼年童話の登場人物のようだ。

そして窓から差し込む光が陽だまりとなる二階の部屋で、子供たちが面白がって読む本が共通して兼ね備える条件を、彼女は冒頭のように語ってくれたのだった。

ちょっとした言葉の一つひとつに芯がある。

それは四〇年にわたって物語を描き続けてきた一人の作家が、そのなかで血肉化させた確信のような言葉だった、といえばいいだろうか。

「自分の本」との出会い方

本をつくる人々をテーマとしたこの取材のなかで、子供のための本をつくる人のことを書こうと考えたとき、以前に雑誌の取材で何度か話を聞いた彼女の顔が浮かんだ。ぼくには五歳と二歳になる娘がいるのだけれど、その二人が彼女の描く絵本や幼年童話が大好きだったからだ。

小さなしかけ絵本の『あそびましょ』、長新太さんのナンセンスな絵が物語の予想外の展開を彩る『サラダでげんき』、そして、彼女の代表作の一つである、アッチ・コッチ・ソッチの「小さなおばけ」シリーズ――。

例えば、少しずつ平仮名が読めるようになってきた長女は、あるときから眠る時間になると、「アッチ」シリーズの第一作『スパゲッティがたべたいよう』を抱きかかえ、一人で頁を開くようになった。

まだゆっくりとしか読めないので、一日に物語が進むのはせいぜい二、三頁である。前日の続きの頁を探すのに苦労していたので、折り紙をハサミで切った栞をつくってやる。すると、それを本のあいだに挟んで閉じ、枕元に置いて眠るようになった。

ある日、ついに最後の頁まで読むことができたとき、彼女は奥付に並ぶシリーズのタイトルを見て、「次は『カレーライスはこわいぞ』を読みたい」と言った。ぼくの本棚に並んでいる『魔女の宅急便』を目ざとく見つけ、いつかはそれを自分で読んでみたい、とも考えているようだった。

その様子を親として見ていると、子供というのはこのようにして「自分の本」に出会っていくのか、というちょっとした感慨を抱く。自分の読み終えた本を小さな本棚に仕舞う表情はどこか誇らしげで、その表情を見ていると、子供は本質的に「本」という形あるものが好きなのだと実感できる気がした。

その意味で本をつくる人々をテーマとしたこの本のなかで、子供のための作品を描く人のことを、最後に書いておきたいという思いがぼくにはあった。子供が「もの」としての本に最初に触れる瞬間に携わる作家が、そこにどのような思いや価値観を込めているのかを知っておきたかったからである。

「子供にとってたった一人で本を読むという体験は、私たちが想像する以上に誇らしい体験なのよ」

と、角野さんは当たり前のように言った。

「だって、本を最後まで読むには我慢がいる。たとえどんなに面白い物語でも、二ページ目くらいまでは我慢して読まなくちゃ、面白さは伝わらないもの。だけど、本はひとたび面白いと思えばたちどころに大好きになるし、何より次は自分で自分のための物語を選ぶことができるようになる。

自分で自分の好きな本を選ぶという行為は、人が一人でものを考え、一人で覚悟をして行動する、という基本的な人間としてのあり方そのものじゃないかしら。だからこそ、自分の好きな本を自分のものにできる喜びは、子供にとって本当に大きなものなのでしょうね」

角野さんには娘が一人いて、子育てが一段落した頃にこんなことがあったという。それは書棚を整理していたときのこと。かつて娘のために買った本の一冊一冊の奥付のそばに、「グジュグジュ」と鉛筆で何かが書いてあるのに彼女は気づいた。

最初、その線はただの書き殴りだった。ところが、次第に娘が成長して文字を覚えるにつれて形が整い出し、順番に見ていくと――。

「最後には「あたしのもの」という文章が現れたの。ああ、あの謎の文字はそういう意味だった、ってはっとさせられたわ。

私たちの子供の頃、本は自分だけのものではなかった。兄弟のものだったり、お友達のものだったり、学校にあるものだったり。それを借りてきたり貸したりしていた。だから、戦争が終わってしばらくして「自分の本」を初めてもらったときは、どれほど嬉しかったか。この娘の文字を見てそのときの気持ちを思い出したの」

「読書」と「聞き書《しょ》」

角野さんが初めて「自分の本」を手に入れたのは、中学二年生のときだったという。「栄子にちょうどいい本が出ていた。よく売れているというので買って来たぞ」たまに家を訪ねてくる叔父にそう言われて渡されたのが、竹山道雄の『ビルマの竪琴』だった。

そのときの本の匂いを感動的に覚えている、と彼女は振り返る。

自宅の廊下で大きな声を出して読んだ記憶、その頃の自分を取り巻いていた「空気感のようなもの」もまた、本の思い出に引きずられるように甦ってくるのだ、と。

「私の子供時代は本が貴重で、みなが活字に飢えていたから、字が読めるようになってからは岩波文庫だろうがなんだろうが、意味が分からなくてもルビをたどって読んだの。でも、いまの子供たちは山ほどの活字や情報に、お腹がいっぱいになっているでしょ? お腹がいっぱいの子に、物語を美味しいと思わせるのは大変なこと。絵本を読み聞かせしてもらっていた子供が、最初に自分で読もうと思った物語がつまらなかったら、それで本が嫌いになっちゃうかもしれない。作家の責任は重大ね」

子供たちが本を読まない、と言われて久しい。だが、一方で日本では子供への本の「読み聞かせ」が今も昔も盛んだ。

彼女が講演で話をすると、たいていは「うちの子は本が大好きで、毎晩、何冊も読まされているんです」という声が母親たちから寄せられるという。

しかし、「そうした「読書」は「聞き書《しょ》」に過ぎないのではないかしら」と角野さんは続けた。

「読み聞かせはもちろん悪いことじゃないし、とても大切なことだけれど、それだけでは子供は自分で本を読むようにはなかなかならないものよ。誰かがその橋渡しをしなきゃいけない。だから、子供に本を読んでもらいたければ、「お母さん、何を読んでるの？」と聞かれるように大人が本に親しむ方が、よほど大事なのじゃないかしら」

この言葉通り、「聞き書」から「読書」、そして、本を所有する喜びへ——という本との出会いの過程において、幼年童話こそが非常に大切な存在なのだという思いが、角野さんにはある。

「私は幼年童話を大切に思ってずっと書いてきたの」

では、そう語る角野さんは物語をどのようにつくり上げてきたのだろう。そこにある「作家の心の有り様」とはどのようなものなのだろうか。

自分の都合でキャラクターを変えない

例えば彼女の代表作の一つである「小さなおばけ」シリーズは、一九七九（昭和五四）年に第一作が出版されて以来、ロングセラーとなった幼年童話だ。

あるレストランの屋根裏に住む「アッチ」、床屋さんの鏡の裏にいる「コッチ」、それから飴屋さんの階段にいる女の子の「ソッチ」。この魅力的な三人のおばけを主人公とした物語の着想は、あるとき幼い娘が繰り返していた言葉から生まれたという。「あっちにいってね、こっちにいってね、そっちにいってね、踏切を渡ったところにカエルさんのおうちがありました。かえるさんは白いおうちに帰って白くなりました」

デザイナーだった夫が古くなった色名帳を与えると、彼女は「色というのはこんなにあるんだ」と思ったのだろう、そのお話の色の部分だけを変えて、何度も繰り返すようになった。「あっちにいってね、こっちにいってね、そっちにいってね、踏切を渡ったところにカエルさんのおうちがありました。かえるさんは青いおうちに帰って青くなりました……」

「あまりに娘がその話ばかりするものだから、私はちょっと面倒になったくらい。でも、それが「アッチ」「ソッチ」「コッチ」というおばけの名前になって——」

角野さんは「物語」を構想するとき、このようにまず主人公を決めることが多い。仮にサボテンの男の子を主人公にしたいと思ったとしよう。

彼女はそのサボテンの男の子の物語をつくるに当たって、まずは白い紙に絵を描きながら、ぼんやりと空想にふける。まつげを描いてみたり、「彼」の住む砂漠の赤い土の荒野を描いてみたり……。

すると、そのうちに少しずつ一つの世界が出来上がり、主人公がその世界を動き始める。「この子は孤独だろうか、友達はいるだろうか。そんなことから始めて、一緒に歩くように描いていく」のだ。

このとき大切なのは、空想のなかで動き始めた主人公を愛したのであれば、決して自分の都合でそのキャラクターや性格を変えないことだという。

「主人公は意地悪なサボテンの男の子」

そう決めたからには、物語がどれほど行き詰まろうとも、作家の意図で急に親切な振る舞いをさせたりしてはならない。「そのご都合主義を子供の読者はすぐに見抜く」からである。

「私の場合は、そうやって最初に決めたキャラクターを尊重して書き進めていきます。物語がどう動いているのかが、書いている本人にも分からないのだから、読者も物語がどうなるか分からないでしょ。子供はそこに敏感なの。彼らは正直だから、はらはらして、どうなるのかな、どうなるのかな、と思う。書いている私自身がそう思っている。だから、お互いがその時間を共有できる。そこが楽しいのよ」

そして、そのように自身の物語のつくり方を語る角野さんは、自らの作家としての原点を振り返るとき、次のような謎めいたことを言った。

「私がそんなときにイメージしてきたのは、海の向こうに見える水平線ね」

水平線——。

それはいったいどのような意味なのだろうか。

次のページには何がある

物語を書く上で、角野さんには忘れられない光景がある。

それは一九六〇（昭和三五）年のこと。記憶のなかで彼女は、喜望峰を回ってブラジルに向かう船の甲板に、潮風に吹かれて立っていた。

そのとき、二年前に早稲田大学の英語英文学科を卒業した彼女は、紀伊國屋書店の出版部に勤めた後、結婚したばかりのデザイナーの夫とともにブラジルへ向かっていた。当時、ブラジルではブラジリアに新しい都市が建設され始めており、国連本部ビルを設計したオスカー・ニーマイヤーが多くの建築を手掛けていた。夫がその壮大なプロジェクトに大きな関心を持っていたのだ。

日本から海外への自由な渡航は制限されていた時代だ。

戦後の人口増加に伴い、政府はブラジルへの移民を奨励していた。外の世界に強い関心を持っていた二人は、この政府の政策に乗り、技術移民としてブラジルに渡ることにしたのだった。

だが、当時の彼女は二五歳。移民として地球の裏側で暮らすという選択には、さぞかし不安を抱いたのではないだろうか。そう尋ねると、「実はかなり気楽な気持ちで行くことに決めちゃったんです」と彼女は笑うのだった。

「移民と言っても、現地で働いてお金を貯めたら、世界を旅してまわってから日本に帰ろうと考えていたの。もしもお金が貯まらなかったら、そのときは貯まるまでずっといればいい、って。それにあの頃はまだ海外へ自由に渡航が出来なかったから、政府が政策として進める移民という選択肢は、外国に行くためのいちばん手っ取り早い手段だったから」

後に『何でも見てやろう』を書く小田実がフルブライト基金を使ってアメリカへ渡り、指揮者の小澤征爾が単身、バイクとギターを持って貨物船でヨーロッパへ向かったのと同時代の話である。二五歳の若者だった彼女もまた、その時代の空気を胸いっぱいに吸い込んで生きる六〇年代の若者だったのだ。〈あら、そう。あたし、心配なんてしないわ。心配はおきたときすればいいのよ。今は、贈りもののふたをあけるときみたいにわくわくしているわ〉と『魔女の宅急便』（福音館書店）の主人公・キキが、故郷を旅立ったときの言葉のように。

「その船に乗っているとき、私は水平線を見るのが好きだったのよ」

と、彼女は続けた。

「遥か遠くにあるあの真っ直ぐな線を見ると、向こう側に何があるのかな、って人は思うものでしょう？　これから新しい場所で暮らすんだという気持ちもあったし、あのときの水平線にはまるで吸い寄せられるようだった。いま思えばそれが物書きとしての私の原体験になったのね」

それに本の頁も水平線みたいなものよね――と角野さんは謎をかけるのである。

この「水平線」を説明するために、彼女が例に挙げたのは長新太さんの『つきよ』（教育画劇）という一冊の絵本だった。

『つきよ』はなんとも言えず神秘的な作品である。

青く黒い月夜の森の奥深くに、人のいない湖がある。

その畔で一匹の狸が見つめるのは、暗い水面に映る月。

黄色く輝く三日月はその水面に遊び、橋になったり、ヤドカリが出てきたり、宝石のように湖から両端を覗かせたりする——。

ほとんどの頁の構図が同じという大胆さ、まさに次に何が出てくるかが予測不能な自由奔放さ。その神秘的な世界観を長新太さんは、闇に埋め込まれた深い青色で表現していく。

「長さんは『子供の絵を描きたい。子供のような絵を描くために、ぼくはずっと描き続けているんだ』と仰っていた人なんです。確かに大人になると、全てが常識的になっていくものよね。長さんだってそうだったんだと思うんです。

でも、ある日、彼はどこかで子供のように描きたいと思った。この本を読んでいると、彼はそのためにすごく自分を自由にしようと努力を重ねた人なのだろう、と感じます。だから長さんの作品は、まさに水平線の向こうから思わぬ何かが飛び出してくるというワクワク感がいつもある。彼の作品には、見開きページが色で二分されているものが多い。それがまるで水平線のよう。見える世界と、見えない世界の境目とも思える」

また、同じように彼女が「幼年童話の条件が最初の一行に全て書かれている」と語るのが、H・A・レイの往年の名作『ひとまねこざる』だ。

角野さんはこの冒頭の文章を諳んじて見せる。

これは、さるの　じょーじです。
どうぶつえんに　すんでいます。
じょーじは、かわいい　こざるでしたが、とてもしりたがりやでした。
どうぶつえんの　そとが　どんなか、しりたくて　たまりませんでした。（光吉夏弥訳）

「このわずかな文章のなかに、物語の要素が全て詰まっていますね。そして、これを読んだら最後、次の頁をめくらずにはいられなくなるでしょう？　頁の向こう側には何があるんだろう、って。

この本が出たのは、私が大学に入った頃。岩波書店からこの『ひとまねこざる』や『ちびくろ・さんぼ』などが出版されたのが、いまの日本の子供の本の走りだと思う。手に取った時はとても感動したけれど、紙一枚手に入れるのも難しかったあの戦争中に、相手国では子供たちにこんな素晴らしい本をつくっていたのかと思ったら、とても複雑な気持ちだったわね……」

空想から本を読むことへ

このように「水平線」の彼方に思いを馳せるような空想癖は、子供の頃からのなじみ深いものでもあったという。

一九三五（昭和一〇）年に東京に生まれた角野さんは、幼い頃に実の母親を病気で亡くしている。そんな家庭環境による寂しさもあり、「子供の頃の私はとても暗くて、泣いてばかりいた」と自身の生い立ちを語ってきた。

「幼稚園に行きたくなくてずっと泣いている。途中まで父が送ってくれるのだけれど、結局は諦めて連れて帰ってくるような子だった」

東京の小岩にあった自宅には、薄暗い中廊下があった。彼女はその壁に背を付け、よく一人で泣いていた。一日に何度も泣くものだから、忙しい父もそのうち構ってくれなくなる。だから余計に泣き、その声が外に漏れると、

「うるさいねえ。栄子ちゃんのサイレンがまた始まった」

と、近所に暮らす人からぼやかれる始末だった。

そんな彼女が泣き止むのは、いつも空想の世界に浸り始めるからだった。

「想像していたのはとにかくいつも家出のお話。自分の住む家には母もいないし、ここではないどこかに行きたい、って気持ちがそうさせたのでしょう」

彼女は空想のなかで、自宅の玄関を飛び出していった。

道を歩けばいつも様々な事件が起こるのだけれど、最後に決まって出会うのは親切な「おじさん」や「おばさん」だった。彼らに「あなたはいい子よ」と言ってもらい、それからカステラと二四色のクレヨンを貰うシーンまで想像すると、いつの間にか悲しい気持ちが収まっていた。

その様子は、例えば「サボテンの男の子の物語」を考えながら、あれこれと空想に耽る現在の彼女につながっているのだろう。

ただ、家出物語を想像してばかりいたのは、小学一年生になる頃までだった。以後、平仮名の読み書きを覚えると、本を読むことが空想のかわりになったからだ。

同じ頃、父親が再婚して兄弟が増えた。居間の隣の部屋にあるガラス戸の本棚には、父親がこれまで買い集めてきた岩波文庫が並べられていた。

「私は文字が読めるようになると、そこから読めそうな本を選んで手に取るようになった。例えば、最初はグリム童話なんかを読み始めてね。そうそう、カタカナだからこれは私にも読めるわ、って森鷗外の『ヰタ・セクスアリス』を取り出して読もうとしていたら、父に本を取り上げられたのを覚えているわ。「それはやめてこっちにしなさい」と言われて、かわりに渡されたのがトルストイの『幼年時代』。それが私の「読書」の始まりだった」

『魔女の宅急便』と同じ気持ち

角野さんが物語を書き始めるのは、ブラジルから日本に戻ってすぐのことだ。ブラジルにいた最初の一年間に、忘れ難い少年との出会いがあった。

来る日も来る日も水平線を見つめた船旅は二カ月間にわたり、彼女は夫と二人で深夜のサントス港に到着した。同じ船に乗っていた日本人の多くは農業移民で、彼らには受け入れ先の農園からの出迎えがあった。

技術移民である二人はぽつんと港に残され、途方に暮れていると、サンパウロまで車で乗せてくれるという人がいた。とりあえずの下宿先を探した後、二人は街の中心部から少し離れた貧民街に建つアパートに部屋を借りた。

「台所とシャワーだけのお風呂、ベッドと小さな机を入れたらそれでいっぱいになるくらいの小さなワンルームでした。アパートの下の通りを見ると、カフェやお肉屋さん、洗濯屋さん、八百屋さんが並んでいてね」

夫はアメリカの出版社が発行する雑誌を何冊か買い、掲載されていた求人広告で家具会社に職を見つけた。一方で角野さんは「急に不安になってきた」と振り返る。

「旅立つときはとてもわくわくしていたのに、いざ暮らし始めると、とにかく言葉が分からない。お野菜一つ、どうやって買えばいいのかが分からないのだから。このときの不安な気持ちは、『魔女の宅急便』にも反映されています。独り立ちの旅に出たキキがコリコの街に降り立ったときの心境は、当時の自分の気持ちを思い出して書いたのよ」

そのように慣れない暮らしに気持ちが沈んでいた彼女がある日、アパートのエレベーターに乗るときに出会ったのが、ルイジンニョという名の少年だった。言葉が分からず最初は買い物ひとつできなかった彼女に、彼はポルトガル語を教えてくれた「先生」だった。

ルイジンニョはアパートの隣に暮らすイタリア人一家の一人息子で、母親は売れないサンバ歌手。常に音楽が聞こえてくる部屋に暮らす「いつも踊りながら歩いているような子」だったという。

「彼はどこに行くにも付いてきてくれた。賑やかな野天市場に行くと、いろんな食材が値札もなく並べられている。「これはなあに？」と聞けば、ルイジンニョはやっぱり踊りながら言葉を教えてくれるの。

そのうちに彼のお母さんとも仲良くなって、私のブラジルでの生活は動き始めていったんです。まあ、彼女にはお金がなくなると、うちにお砂糖やタバコを借りに来る悪い癖がありましたけど。うふふ」

そんないくつかの出会いを経たある日のことだ。

角野さんはアパートの窓を開けて、新しい生活の場となった街を見渡した。

すると、窓からは心地よい風が入り込んできて、街の喧騒が柔らかな響きをもって聞こえてきた。

風に吹かれながら外を見ていると、彼女は何だか晴れ晴れとした気持ちになった。慣れないブラジルでの生活に感じていた不安が、さらさらと溶けていくようだった。

「そのときに、この国で生きていかなきゃ、と思った。それから、何十年も経って、その気持ちやシーンも『魔女の宅急便』にそのまま書いたのよ」

角野さんはサンパウロの家具会社に職を得た夫とともに、約二年間をブラジルで過ごした。彼女も日本人移住者向けに短波放送を流すラジオ局に仕事を見つけ、スポンサーを探す営業職として働いた。

その後、中古で買ったルノーの小型車でヨーロッパを九〇〇〇キロにわたって旅すると、それを売ったお金でカナダとニューヨークを回り日本に帰国した。

初めての本を書いたのは、帰国してから数年が経った一九七〇（昭和四五）年のことだった。

娘が生まれ、仕事の忙しくなった夫が家にほとんどいない頃、大学時代の恩師の勧めもあって、ブラジルでの体験を書き始めたのである。

「実際に何かを書いていると、自分がいかに書くことが好きかを実感するようでした」

そうして三五歳のときに出版されたのが、デビュー作のノンフィクション『ルイジンニョ少年　ブラジルをたずねて』（ポプラ社）。そう、あのポルトガル語を教えてくれた、サンパウロの小さな友人の話を彼女は書いたのだ。

物語を書くという魔法

だが、角野さんが『ビルにきえたきつね』（ポプラ社）を上梓し、児童文学の作家として本格的に活動を始めるには、それから七年という長い時間がかかった。そのあいだ、彼女は書いたものを誰にも見せず、どうにかして物語を作ろうともがき続けてきた。

そんななかで、彼女が身に付けた物語を書くときのスタイルは、少し風変わりなものだ。

小学校や中学校でスケッチの時間が楽しかったのを思い出し、画板を買った。それを膝にのせて絵を描きながら物語を構想したり、ときには首から紐をぶら下げて歩きながら書いたりしたのである。

「最初のぼわんとしたものが動き出すまでは、それが私の物語を練るスタイル。そして、そのうちに分かってきたのが、童話は自分自身が楽しみながら書かなければならない、ということだったの。

当時の私は「読者に向かって書こう」と意識し過ぎていました。すると、どうしてもお話が偉そうになってしまう。子供はそれを敏感に感じ取る読み手なわけだから、「この人は自分の考えを押し付けるように書いている」と思わせたら自由に読んでもらえない。まずは作者である私が書くことに喜びを感じなければならない、という基本にだんだんと気づいていきました」

「物語」というものの持つ「うねりみたいなもの」が身体のなかに入ってくるのに、それだけの時間が必要だったのかもしれない——といま、振り返る。

その後、「小さなおばけ」シリーズなどの数々のベストセラーを生み出す彼女が、長編童話である『魔女の宅急便』の第一巻を書いたのは一九八五(昭和六〇)年のことだ。

あるとき、当時一二歳の娘が描いた絵に、彼女はふと目を留めた。そこには箒に乗った魔女がいて、柄に小さなラジオがかけられていた。魔女の箒からは音符が飛び出していた。思えば娘は勉強も読書もラジオを聞きながらしており、「ながら族の現代っ子の魔女って面白いかも」と思った。

そして、同書は第六巻の完結までに約二四年間が費やされる。

ぼくはこの物語の主人公・キキに込めた思いについて、角野さんが語る次のような話がとても好きだ。

ジブリ映画の原作にもなり、いまでは国民的な物語である『魔女の宅急便』において、主人公の魔女・キキが使える魔法は空を飛ぶこと一つだけだ。角野さんはキキをそのような魔女にした理由をこう語っている。

「人が豊かな想像力を広げ、自分の好きなものを見つけて、コツコツとそれを続けていく。一つの好きなことを大切にして、それを自分の人生に活かそうと工夫をする。私はそんな世界をとても大事にしているんです。自分自身がそうやって物語をコツコツ、コツコツと書いてきたという思いを持っているから。そして、そんなふうに続けてきたことは、いつの日にか、その人の魔法になっていくのではないか、って……」

四〇年以上にわたる作家としての日々において、「物語を書くこと」を彼女はそのように続けてきた。

そして、それは角野さんにとって、自らが手に入れたたった一つの「魔法」だったのだ。

あらためてそう言葉にしてみるとき、ぼくは再び彼女の語った「水平線」の話に気持ちが引き戻された。

「水平線というのはバニシングポイント。船から見ても高い山から見ても、必ず目の高さにある」

と、彼女は言った。

「そこが本と似ている気がする。どんな場所にいても本があれば、頁をめくることで私たちは〝いま・ここ〟とは違う場所に入り、楽しめるのだから」

物語を書くこととは魔法であり、そして、本の頁はその魔法を向こう側に隠した水平線である――。

ぼくは角野さんが語ったそんな比喩が、とても気に入っている。

あとがき

本書は筑摩書房のＰＲ誌「ちくま」での連載をもとにした一冊である。

連載をしていたおよそ二年間、月に一度のペースで「本づくり」にかかわる人々のもとを訪ね、彼らの仕事に対する姿勢や思いを聞いてきた。

いま、その二年間を振り返って実感するのは、そこで聞いたさり気ない言葉の一つひとつが、自分のなかに重みをもって残り続けているということだ。

書体の役割を声に喩えて説明してくれたＤＮＰの伊藤正樹さん、活版印刷の世界を残していきたいと語った溪山丈介さん、そして、校閲者の矜持を感じさせた矢彦孝彦さんや三菱製紙の書籍用紙の開発者の方々。

ブックデザイナーの日下潤一さんは「本は美しくなければあかんのですよ」と語り、タトル・モリの玉置真波さんには翻訳本の世界の奥深さを、作家の角野栄子さんからは物語を読む・書くということの一つの本質を教わった。

彼らに共通していたのは、仕事に対してとことん向き合おうとするプロフェッショナルな姿勢であったように思う。それがたとえ失われつつある世界であったとしても、彼らは自らが抱え、大切にしている世界に工夫を加え、新しい世界を切り拓こうとしてきた人たちであった。そこに浮かび上がるのは、一つの豊饒な〝ものづくり〟の世界だった。

そのなかで語られた言葉を思い返すとき、ぼくは「ものを書くこと」を通して「本をつくるという仕事」にかかわる一人として、自分自身の役割を決して疎かにしてはならない、という気持ちを強くした。一冊の本の背後に、これだけの人たちの工夫や熱い思いがある。だからこそ自分の役割に対して、これまで以上に真摯に向き合わなければならない——あらためてそんな思いを抱いたのだった。

ぼくは「本」という形あるものが好きだ。

たとえば一冊の小説やノンフィクションの作品を手に取り、物語の世界に浸り込んで夢中で読んでいく。時間が経ち、そっと本を置いて溜息をつくような瞬間に幸せを感じる。「本」と接するそのような時間に、人生が支えられていると感じた瞬間もあった。

そうして胸に抱いてきた読書の喜びは、様々な人たちの仕事によって丁寧に生み出されている。そのことをはっきりと知るようになったいま、「本」というものに対する愛着が自分の裡でたしかに増した、と感じている。

本書の取材・執筆では多くの方々にお世話になった。

まずは取材に協力してくださった皆様にお礼を申し上げたい。

また、「ちくま」での連載中の二〇一五年四月、松岳社の青木英一さんがお亡くなりになった。ドイツで製本の技術を学び、「製本マイスター」の資格を持つ彼との出会いは、この本の取材・執筆を続ける上でとても大きなものだった。青木さんは机の上に「ちくま」の掲載号を大切に置いてくれていたという。「マイスター」と呼ばれて親しまれた彼に敬意を表したい。

最後に、装幀をしてくださった名久井直子さん、イラストレーターのNoritakeさん、連載から単行本化までを担当してくれた筑摩書房の橋本陽介さんに感謝します。

二〇一七年一月　稲泉連

解説　ようやくたどり着く

武田砂鉄

初めて書いた本の見本を手にした日のことは忘れられない。めずらしいことに、前日から鉄道雑誌の取材に出かけており、夜遅くに戻ってきた東京駅近くの喫茶店で、編集者から完成したばかりの本を受け取った。前夜、ローカル線の終着駅近くにある民宿に泊まり、すっかり電波の弱い場所で、編集者から来た「見本出来ました！」という画像付きのメールを開いたのだが、なかなかその画像がダウンロードできず、民宿の人に電波が入りやすい場所を教えてもらい、やっとの思いで画像を開くと、編集者の机に本が積み上げられていた。翌日、ローカル線を取材している間、車窓そっちのけで、その画像ばかり見ていた。

編集者から本を受け取り、電車に乗り、混み合う車内で、カバンの中から一冊取り出し、鼻を近づけて匂いを嗅ぐ。専業の物書きになる前、一〇年近く出版社に勤めていたのだが、自分の担当書籍が出来るたびに、まず本の匂いを嗅いだ。よく、街歩き番組などで、飲食店の厨房に入り、出来立ての何かを食べながら興奮している模様を見せつけられる。「そんな出来立て、自分たちは食べられないじゃん」とちょっとだけ不快になるのだが、あれと同じかもしれない。うまく形容する語彙が見つからないのだが、出来立ての本の匂いというものがあるのだ。

稲泉は、書店という場をこのように喩えている。

「源流の岩からしみ出た水が小さな流れとなって集まり、次第に一本の川に成長して海に流れ込む最後の一瞬と似ている」

あらゆる本は、もれなく、長旅を経て店頭に並んでいる。何食わぬ顔をして並んでいるが、それぞれの本がいくつものハードルを越え、ようやくここまでたどり着いている。自分の編集した本、自分の書いた本を発売直後に書店で見つけると、「自分の本」という思いは薄い。「みんなの本」という感覚がある。あらゆる工程を経て、ようやくたどり着いたのだ。

出版社で編集部に配属になったばかりのころ、いぶし銀の編集者に、地下にある薄暗い小さな会議室に呼ばれた。そして、こんなことを言われた。

「これからキミが、この出版社の名刺を持っていけば、たいていの著者が会ってくれると思う。色々な提案をして、丁寧に付き合っていけば、本も出来上がるだろう。売れる本もあるだろう。話題になる本もあるだろう。でも、その時に、編集者であるキミが偉そうにしてはいけない。編集者は何もやってないんだよ。原稿を書くのは作家さん、文章の誤りをチェックするのは校閲さん、デザインするのはデザイナーさん、本のイラストを描くのはイラストレーターさん、印刷するのは印刷会社、本を店頭に並べるのは本屋さん。だから、とにかく偉そうにしちゃいけない」

その後、その人のきめ細かい編集作業を何度も盗み見したので、「何もやってない」はずはなかったのだが、それは岩からしみ出た水や、小さな流れや、一本の川や、ようやくたどり着いた大海を、具体的に想像するためのアドバイスに違いなかった。つまり、編集者はそれを見守る仕事なのだった。

川から大海に行き着くのとは違い、本は、繰り返し大海を目指す。書店に並んだ本が全て売れるわけではない。返品された本は、再びの出番を待つ。出版社に入社してすぐ、研修先として連れて行かれたのが、埼玉県の、電車の便が悪いところにある会社の倉庫だった。研修内容はその日によって違った。注文を受けた本をピックアップして出荷する仕事。カバーやオビを替えるなどして本を再びキレイにする改装作業。時には、本を最終的に処分する断裁の場を見学することもあった。

昼までの作業の間に一〇分だか一五分だかの休み時間があり、倉庫内でチャイムが鳴ると、ここで何年も働いているであろう中年女性たちが古びた卓球台に集まり、世間話に興じながら、気だるい表情でピンポンをしていた。どっちが点をとろうがとれようがお構いなし。「あらそう、新入社員さんなの、大変ねぇ。頑張って本を売ってね。ほら、返品が無くなれば、私たちの仕事がラクになるじゃない」「いや、ラクになるって、あんた、そしたら、私たちの仕事、なくなっちゃうじゃない」「ガハハハ」。酒焼けした笑い声が倉庫内に響き渡る。この人たちの無駄のない作業によって、一度戻って来た本が再び書店へ向かうのだ。本は、一直線に海に向かうのではなく、行ったり来たりしている。海に向かい直すことができる。

製本会社、印刷屋、校閲部、製紙会社、装幀家……様々な本づくりの職人に話を聞いた上で、稲泉が、「彼らに共通していたのは、仕事に対してとことん向き合おうとするプロフェッショナルな姿勢であったように思う。それがたとえ失われつつある世界であったとしても、彼らは自らが抱え、大切にしている世界に工夫を加え、新しい世界を切り拓こうとしてきた人たちであった。そこに浮かび上がるのは、一つの豊穣な〝ものづくり〟の世界だった」とまとめる。

自分の領域で最大限の仕事をし、次の工程にバトンを渡す。そこでも最大限の仕事が加わる。光を浴びない地味な仕事も多い。今、この解説原稿が印字されている紙がある。この本の書体や行数、そして行間には、心地よく読むための設計が施されている。あるいは、もし、一つ前の文章で「この書籍の書体や行数」と書いていたら、校閲者が「その他では「本」と記されていますが、ここだけ「書籍」でOKですか？」と疑問を出してくれるはず。多くの仕事が折り重なり、ここにようやく文章が刻み込まれている。版面（余白の部分を抜いた、印刷がほどこされる範囲全体のこと）があとセンチ上にあがっていたらどうだろう。横に八ミリずれていたらどうだろう。なんだか読み心地が悪くなるはずだ。このようにして、そこにふさわしい形に定めていく人がいる。

新潮社の校閲部で長年働いた矢彦孝彦は、作家の生原稿を前にしながら、このようなことを考えていたという。

「Aという文章に線が引かれ、Bという表現に直している。後の頁で同じ表現が出て来たら、著者はひょっとすると本当はBの表現をここでも使いたいのではないか、という思考の流れが分かるんです。昔はそうした手書きによる思考の足跡を読むことが大事だった」

自分が編集者をしていたころは、生原稿で送ってくる著者は数えるほどになっており、多くがデータでの入稿だったが、ゲラをやりとりしている最中に著者から返ってくる赤字修正には、まさしく「思考の足跡」があった。著者が校閲者と戦うことさえあった。校閲者が植物図鑑のコピーを貼り付け、この花はこの季節には咲かないのではないでしょうか、と指摘すると、小説家が、さらに詳しい専門書のコピーを貼り付けた上で、その花がその季節に咲く可能性もある、と提示してきた。小説の中で一瞬だけ咲いている花にも、これだけの攻防が存在しているのである。

自分の本でも、編集した本でも、その本にかかわった人たちが一堂に会することはない。コンサートの終盤でサポートメンバーを紹介したり、映画のエンドロールのようにスタッフクレジットが並んだりすることはない（時折、そういう本もあるが）。多くの見ず知らずの人の、手厳しくも愛着のある眼差し、そして、手仕事によって、一冊の本が完成する。

「ぼくは「本」という形あるものが好きだ」と稲泉。私も好きだ。形あるものが好きだ。なぜ好きかといえば、形があるからだ。形があるから好きなのだ。本は、いつの間にか、わざわざ買うもの、わざわざ読むものになった。私たちの暮らしには、便利なものがいくらでも溢れている。こんなに小さいのにすさまじい量の情報が入っていたり、これまでだったらたくさんの時間がかかったのに、これさえあればあっという間にできたりする。そういうものが次々と開発され、器用に実生活に侵入していく。

こんなご時世、本という「形」はとても不器用だ。この本は文庫だから軽いけど、単行本ならそれなりに重い。そのくせ、その本にどんなことが書かれているのか、自分に役に立つことが書かれているかどうか、読み終わるまでわからない。読み終わってもわからないことがある。文字の集積は、往々にして読者に圧をかけてくる。圧倒されることもあれば、なんとか食らいつけることもあれば、打ち負かすこともある。「形」がこっちに向かってくる。タイプはそれぞれだろうが、自分は本を汚しながら読む。線を引っ張り、角を折り、付箋を貼り、言葉を書き込む。作り上げられた「形」に挑んでいく感覚が好きなのだ。時間をかけて海までたどり着いた「形」を掬い取る。

本書が明らかにするように、一冊の本には、あまりにも数多くの人がかかわっている。かかわっている、というか、滲んでいるとか、染み渡っているとか、そんな言葉のほうが似合うかもしれない。初めての本ができた時、帰り道、思わず嗅いだ本の匂いを思い出す。編集者時代、上司から、「この本が出来た時、どこの本屋さんのどのコーナーでどれくらい置かれるかイメージしてみろ」と繰り返し言われた。自分の頭の中のイメージが正しかったかどうかはわからないが、本が出来る前、「源流の岩からしみ出た」時から、大海を想像し続けた。そこにたどり着くまでの長い長い道程には無数のプロがいる。

どんな本も、ようやくたどり着いたのだ。「本」という形あるものが私も好きだ。愛おしくてたまらない。

（ライター）

本書は、二〇一七年一月に筑摩書房より刊行された。

ひと皿の記憶　四方田犬彦

諸国を遍歴した著者が、記憶の果てにぼんやりと光るひと皿をたぐりよせ、追憶の味（あるいは、はたせなかった憧れの味）を語る。書き下ろしエッセイ。

言葉を育てる　米原万里対談集　米原万里

この毒舌が、もう聞けない……類い稀なる言葉の遣い手、米原万里さんの最初で最後の対談集。VS.林真理子、児玉清、田丸公美子、糸井重里ほか。

パンツの面目ふんどしの沽券　米原万里

キリストの下着はパンツか腰巻か？　幼い日にめばえた疑問を手がかりに、人類史上の謎に挑んだ、抱腹絶倒&禁断のエッセイ。（井上章一）

事物はじまりの物語／旅行鞄のなか　吉村昭

長篇小説の取材で知り得た貴重な出来事に端を発した物語の数々。胃カメラなどを考案したパイオニアたちの話と旅先での事柄を綴ったエッセイ集の合本。

みみずく古本市　由良君美

博覧強記で鋭敏な感性を持つ著者が古本市に並べるのは時を経てさらに評価を高めた逸品ぞろい。新刊書に飽き足らない読者への読書案内。（阿部公彦）

夜の読書　湯川豊

本は「人類の知的活動の痕跡」であり、読書は時空間を往還する精神の運動である。書評と読書についてのエッセイによる、その豊かな世界への道案内。

風山房風呂焚き唄　山田風太郎

明治文学者の貧乏ぶり、死刑執行方法、ひとり酒ほか、長篇エッセイ（表題作）をはじめ、旅、食べ物、読書をテーマとしたファン垂涎のエッセイ群。

ヨーロッパぶらりぶらり　山下清

「パンツをはかない男の像はにが手」「人魚のおしりは人間か魚かわからない」。〝裸の大将〟の眼に映ったヨーロッパは？　細密画入り。（赤瀬川原平）

谷中スケッチブック　森まゆみ

昔かたぎの職人が腕をふるう煎餅屋、豆腐屋。子供たちでにぎわう路地、広大な墓地に眠る人々。取材を重ねて捉えた谷中の姿。（小沢信男）

贅沢貧乏のお洒落帖　森茉莉　早川茉莉 編

鷗外見立ての晴れ着、巴里の香水……江戸の粋と巴里のエレガンスに彩られた森茉莉のお洒落。全集未収録作品を含む宝石箱アンソロジー。（黒柳徹子）

完全版 この地球《ほし》を受け継ぐ者へ　石川直樹

22歳で北極から南極までを人力踏破した記録。ほとばしり出る若い情熱を鋭い筆致で語るデビュー作、待望の復刊。カラー口絵ほか写真多数。（菅啓次郎）

釜ヶ崎から　生田武志

失業した中高年、二十代の若者、DVに脅かされる母子――。野宿者支援に携わってきた著者が、「究極の貧困」を問う圧倒的なルポルタージュ。

戦場カメラマン　石川文洋

米兵が頭を撃ち抜かれ、解放軍兵士が吹き飛ぶ。祖国を守るため、自由を得るため、差別や貧困から脱するため、戦う兵士。破壊される農村。（藤原聡）

テレビは何を伝えてきたか　植村鞆音／大山勝美／澤田隆治

テレビをめぐる環境は一変した。草創期から番組作りに携わった「生き字引」の三人が、秘話をまじえて歴史をたどり、新時代へ向けて提言する。

東京骨灰紀行　小沢信男

両国、谷中、千住……アスファルトの下、累々と埋もれる無数の骨灰をめぐり、忘れられた江戸・東京の記憶を掘り起こす鎮魂行。（黒川創）

へろへろ　鹿子裕文

最期まで自分らしく生きる。そんな場がないのなら、自分たちで作ろう。知恵と笑顔で困難を乗り越え、新しい老人介護施設を作った人々の話。（田尻久子）

消えた赤線放浪記　木村聡

「赤線」の第一人者が全国各地に残る赤線・遊郭跡を訪ね、色町の「今」とそこに集まる女性たちを取材した貴重な記録。文庫版書き下ろし収録。

トキワ荘の時代　梶井純

手塚治虫、赤塚不二夫、石ノ森章太郎らが住んだトキワ荘アパート。その中心にいた寺田ヒロオの人生を通して戦後マンガの青春像を描く。（吉備能人）

無敵のハンディキャップ　北島行徳

同情の拍手などいらない！　リング上で自らをさらけ出し、世間のド肝を抜いた障害者プロレス団体「ドッグレッグス」、涙と笑いの快進撃。（齋藤陽道）

『洋酒天国』とその時代　小玉武

開高健、山口瞳、柳原良平……個性的な社員たちが創ったサントリーのPR誌の歴史とエピソードを自ら編集に携わった著者が描き尽くす。（鹿島茂）

あぶく銭師たちよ！ 佐野眞一

昭和末期、バブルに跳梁した怪しき人々。リクルートの江副浩正、地上げ屋の早坂太吉、〝大殺界〟の細木数子など6人の実像と錬金術に迫る！　（橋口譲二）

宮本常一が見た日本 佐野眞一

戦前から高度経済成長期にかけて日本中を歩き、人々の生活を記録した民俗学者、宮本常一。そのまなざしと思想、行動を追う。

新 忘れられた日本人 佐野眞一

佐野眞一がその数十年におよぶ取材で出会った、無私の人、悪党、そして怪人たち。時代の波間に消えて行った忘れえぬ人々を描き出す。　（後藤正治）

沖縄と私と娼婦 佐木隆三

アメリカ統治下の沖縄。ベトナム戦争が激化するなか、米兵相手に生きる風俗街の女たちの姿をヒリヒリと肌を刺す筆致で描いた傑作ルポ。　（藤井誠二）

素敵なダイナマイトスキャンダル 末井昭

実母のダイナマイト心中を体験した末井少年が、革命的野心を抱きながら上京、キャバレー勤務を経て伝説のエロ本創刊に到る仰天記。　（花村萬月）

民間軍事会社の内幕 菅原出

戦争の「民間委託」はどうなっているのか。イラク戦争以降、急速に進んだ新ビジネスの実態を、各企業や米軍関係者への取材をもとに描く。

戦争と新聞 鈴木健二

明治の台湾出兵から太平洋戦争、湾岸戦争まで、新聞は戦争をどう伝えたか。多くの実例から、報道が孕む矛盾と果たすべき役割を考察。　（佐藤卓己）

白い孤影 ヨコハマメリー 檀原照和

白の異装で港町に立ち続けた娼婦。老いるまで、そのスタイルを貫いた意味とは？　20年を超す取材をもとにメリーさん伝説の裏側に迫る！　（都築響一）

珍日本超老伝 都築響一

著者が日本中を訪ね歩いて巡り逢った、老いを超越した天下御免のウルトラ老人たち29人。オレサマ老人にガツンとヤラれる快感満載！

独居老人スタイル 都築響一

〈高齢者の一人暮し＝惨めな晩年？〉いわれなき偏見をぶっ壊す16人の大先輩たちのマイクロ・ニルヴァーナ。話題のノンフィクション待望の文庫化。

アフガニスタンの診療所から　中村哲
戦争、宗教対立、難民。アフガニスタン、パキスタンでハンセン病治療、農村医療に力を尽くす医師と支援団体の活動。（阿部謹也）

消えゆく横丁　藤木TDC・文　イシワタフミアキ・写真
昭和と平成の激動の時代を背景に全国各地から消えていった、あるいは消えつつある横丁の生と死を、貴重写真とともに綴った渾身の記録。

誘拐　本田靖春
戦後最大の誘拐事件。残された被害者家族の絶望、犯人を生んだ貧困、刑事達の執念を描くノンフィクションの金字塔！（佐野眞一）

疵　本田靖春
戦後の渋谷を制覇したインテリヤクザ安藤組の大幹部、力道山よりも喧嘩が強いといわれた男……。伝説に彩られた男の実像を追う。（野村進）

東條英機と天皇の時代　保阪正康
日本の現代史上、避けて通ることのできない存在である東條英機。軍人から戦争指導者へ、そして極東裁判に至る生涯を通して、昭和期日本の実像に迫る。

三島由紀夫と楯の会事件　保阪正康
社会に衝撃を与えた1970年の三島由紀夫割腹事件はなぜ起きたのか？　憲法、天皇、自衛隊を論じたあの時代と楯の会の軌跡を追う。（鈴木邦男）

五・一五事件　保阪正康
農村指導者・橘孝三郎はなぜ、軍人と共に五・一五事件に参加したのか。事件後、民衆は彼らの減刑を願った。昭和の歴史の教訓とは。（長山靖生）

権力の館を歩く　御厨貴
歴代首相や有力政治家の私邸、首相官邸、官庁、政党本部ビルなどを訪ね歩き、その建築空間を分析。権力者たちの素顔と、建物に秘められた真実に迫る。

私たちはどこから来て、どこへ行くのか　森達也
自称「圧倒的文系」の著者が、第一線の科学者に「いのち」の根源を尋ねて回る。科学者たちの真摯な応答に息を呑む、傑作科学ノンフィクション。

袴田事件　裁かれるのは我なり　山平重樹
袴田巖さんの無罪を確信しながらも、一審の死刑判決文を書かされた裁判官の視点を通して、冤罪の構図を描いたドキュメント・ノベル。（亀井洋志）

ねじ式／夜が摑む
つげ義春コレクション
つげ義春

つげ義春が妄想する夢と現実のハザマに生まれた傑作群。名作「ねじ式」や若い夫婦の日常に起きる事件を描いた「夏の思いで」などを収録。（川本三郎）

大場電気鍍金工業所／やもり
つげ義春コレクション
つげ義春

つげ義春自身の青春時代が色濃くにじむ自伝的作品を集める。東京下町の町工場に働く少年やマンガ家を目指す若者の姿を描く。（赤瀬川原平）

李さん一家／海辺の叙景
つげ義春コレクション
つげ義春

マンガの歴史を変えたつげ義春と『ガロ』の結節点！後続の作家に大きな影響を与えた「沼」「李さん一家」など18篇を収録。（夏目房之介）

近所の景色／無能の人
つげ義春コレクション
つげ義春

マンガ家として行き詰まった「私」は、多摩川で石屋を始める。売れないマンガ家の無為の日々を描いた「無能の人」など10篇。（一条さゆり）

紅い花／やなぎ屋主人
つげ義春コレクション
つげ義春

足の向くまま、海へ、山へ、湯治場へ……。名作「紅い花」をはじめとした、つげ義春の〈旅もの〉作品を集大成。（早坂暁）

苦節十年記／旅籠の思い出
つげ義春コレクション
つげ義春

つげ義春のエッセイ・イラストをセレクトした一冊。「夢日記」や旅行記、自分史など、マンガ作品とは違った楽しみが味わえる。（池内紀）

四つの犯罪／七つの墓場
つげ義春コレクション
つげ義春

つげ義春初期の貸本マンガをセレクト。エンターテイメント作品にも、最下層を生きる人物など、つげワールドの原点が潜む。（佐野眞一）

腹話術師／ねずみ
つげ義春コレクション
つげ義春

一九六〇年から六五年、衰退にむかう貸本雑誌を舞台に、つげ義春が発表した多様な作品群。SF・幻想から青春物までを収録する。（出久根達郎）

鬼面石／一刀両断
つげ義春コレクション
つげ義春

つげ義春による時代劇マンガの傑作群を集大成。忍者、浪人など、理不尽な身分制に負けずに生きようとする人々の姿を描き出す。（山崎哲）

つげ義春コレクション（全9冊）
つげ義春

マンガ表現の歴史を変えた、つげ義春。初期代表作から「ガロ」以降すべての作品、さらにイラスト・エッセイを集めたコレクション。

不良定年　嵐山光三郎
定年を迎えた者たちよ。まずは自分がすでに不良品であることを自覚し、不良精神を抱け。実践者・嵐山光三郎がぶんぶんうなる。（大村彦次郎）

泥酔懺悔　朝倉かすみ、中島たい子、瀧波ユカリ、平松洋子、室井滋、中野翠、西加奈子、山崎ナオコーラ、三浦しをん、大道珠貴、角田光代、藤野可織
泥酔せずともお酒を飲めば酔っ払う。お酒の席は飲める人には楽しく、下戸には不可解。お酒を介した様々な光景を女性の書き手が綴ったエッセイ集。

色川武大・阿佐田哲也ベスト・エッセイ　色川武大／阿佐田哲也　大庭萱朗編
二つの名前を持つ作家のベスト。文学論、落語からタモリまでの芸能論、ジャズ、作家たちとの交流も。阿佐田哲也名の博打論も収録。（木村紅美）

井上ひさしベスト・エッセイ　井上ひさし　井上ユリ編
むずかしいことをやさしく……幅広い著作活動を続け、多岐にわたるエッセイを残した「言葉の魔術師」井上ひさしの作品を精選して贈る。（佐藤優）

遺言　石牟礼道子　志村ふくみ
未曾有の大災害の後、言葉を交わしあうことを強く望んだ作家と染織家。新しいよみがえりを祈って紡いだ次世代へのメッセージ。（志村洋子／志村昌司）

屋上がえり　石田千
屋上があるととりあえずのぼってみたくなる。百貨店、病院、古書店、母校……広い視界の中で想いを紡ぐ不思議な味のエッセイ集。（大竹聡）

ホームシック　ECD＋植本一子
ラッパーのECDが、写真家・植本一子に出会い、家族になるまで。植本一子の出産前後の初エッセイも。二人の文庫版あとがきも収録。（窪美澄）

ぼくは散歩と雑学がすき　植草甚一
1970年、遠かったアメリカ。その風俗、映画、本、音楽から政治までをフレッシュな感性と膨大な知識、貪欲な好奇心で描き出す代表エッセイ集。

こんなコラムばかり新聞や雑誌に書いていた　植草甚一
ヴィレッジ・ヴォイスから筒井康隆まで夜を徹して読書三昧。大評判だった中間小説研究も収録したJ・J式ブックガイドで「本の読み方」を大公開！

雨降りだからミステリーでも勉強しよう　植草甚一
1950〜60年代の欧米のミステリー作品の圧倒的で、貴重な情報が詰まった一冊。独特の語り口で書かれた文章は何度読み返しても新しい発見がある。

上京する文學　岡崎武志

村上春樹、川端康成、宮澤賢治に太宰治——、作家の上京を「東京」の街はどんな風に迎えたのか。上京で読み解く文学案内。野呂邦暢の章を追記。（重松清）

酒場めざして　大川渉

東京の街をアッチコッチ歩いた後は、酒場で一杯！繁華街の隠れた名店、場末で見つけた驚きの店などを酒場の達人が紹介。（堀内恭）

愛とまぐはひの古事記　大塚ひかり

最古の記録文学は現代人に癒しをもたらす。奔放なエロスと糞尿譚に満ちた破天荒な物語の不思議な清浄感。痛快古典エッセイ。（富野由悠季）

既にそこにあるもの　大竹伸朗

画家、大竹伸朗「作品への得体の知れない衝動」を伝える20年間のエッセイ。文庫では新作を含む木版画、未発表エッセイ多数収録。（森山大道）

ネオンと絵具箱　大竹伸朗

現代美術家が日常の雑感と創作への思いをつづった2003〜11年のエッセイ集。単行本未収録の28篇、カラー口絵8頁を収めた。文庫オリジナル。

文壇挽歌物語　大村彦次郎

太陽族の登場で幕をあけた昭和三十年代。編集者の目から見た戦後文壇史の舞台裏。『文壇うたかた物語』『文壇栄華物語』に続く〈文壇三部作〉完結編。

中央線で行く東京横断ホッピーマラソン　大竹聡

東京〜高尾、高尾〜仙川間各駅の店でホッピーを飲む！　文庫化にあたり、仙川〜新宿間を飲み書き下ろし、各店データを収録。（なぎら健壱）

多摩川飲み下り　大竹聡

始点は奥多摩、終点は川崎。多摩川に沿って歩き下っては、飲み屋で飲んだり、川原でツマミと缶チューハイ。28回にわたる大冒険。（高野秀行）

酔っぱらいに贈る言葉　大竹聡

古今東西の小説家、落語家、タクシー運転手等が残した酒にまつわる約五十の名言をもとに、著者が酒の底なしの魅力について綴る。（戌井昭人）

本と怠け者　荻原魚雷

日々の暮らしと古本を語り、古書に独特の輝きを与えた「ちくま」好評連載「魚雷の眼」を、一冊にまとめた文庫オリジナルエッセイ集。（岡崎武志）

ちくま文庫

「本《ほん》をつくる」という仕《し》事《ごと》

二〇二〇年十一月十日　第一刷発行

著　者　稲泉連（いないずみ・れん）

発行者　喜入冬子

発行所　株式会社　筑摩書房

東京都台東区蔵前二―五―三　〒一一一―八七五五

電話番号　〇三―五六八七―二六〇一（代表）

装幀者　安野光雅

印刷所　三松堂印刷株式会社

製本所　三松堂印刷株式会社

ISBN978-4-480-43699-3　C0195